Prolog

Entstanden einst als Diplomarbeit für Visuelle Kommunikation, an der Schule für Gestaltung in Ravensburg erhebt diese Tagebuchdokumentation keinen Anspruch auf Allgemeingültigkeit.
Dennoch wird die Thematik Auslandseinsatz für den Betrachter durch die Personifizierung greifbarer, berührbarer.

Es ist ein stilles Buch, ein Buch ohne Skandale und ohne Kosmetik.
Es zeigt verschiedene Aspekte des Erlebten auf und gewährt einen bedrückend tiefen Einblick in die ganz persönliche Wahrnehmung eines Soldaten.
Die meisten Soldaten können ihre Erlebnisse nur mit sich selbst aufarbeiten. Und viele sehen in dem Buch eine „Stimme" - ihre Stimme, die sie selbst nicht erheben und die ihren Angehörigen und Freunden erzählen kann, was sie selbst meist nicht zum Ausdruck bringen können.

Simone Uetz
September 2008

Für Juliane Stahl,
Gedanken mit denen Soldaten oft
alleine bleiben,
Herzlichst
Ihr
Georg
Isny im Allgäu
den 01.06.2009

Hundert mann und ein befehl…

randnotizen

<\>randnotizen<>

Hauptfeldwebel D. bei der Übernahme seiner neuen Tätigkeit in Sonthofen 2005 – s:\\privatarchiv_uebergabe\IMG_17798.jpg

mein tagebuch
<\>was mich bewegt<>
meine bilder-geschichte
<\> >>meine erinnerungen<< <>

und sonstiges aus

meiner schublade........

+++ 11.09.2001 +++ Unmittelbar nach Bekanntwerden der Terroranschläge in den USA mit mehreren tausend Toten beteuert die Taliban-Regierung in Kabul, daß weder sie noch

Dieses Buch handelt von Hauptfeldwebel Uwe D., ein Berufssoldat der Bundeswehr. Es enthält persönliche Tagebuchaufzeichnungen aus dem Einsatz 2002 in Afghanistan, Rückblenden in Wort und Schrift, sowie Annotationen, Stimmen der Presse, der Bundeswehr und Anderen sowie Fotografien in loser Reihenfolge und Zusammenhang.

Mit dem Wandel in der Bundeswehr dürfen seit 1994 deutsche Soldaten im Rahmen ihrer Tätigkeit auch im Ausland für Kampfeinsätze verwendet werden. Dies bringt völlig neue Tätigkeitsfelder und Anforderungen mit sich.

Hauptfeldwebel Uwe D. ist heute Spieß in einer Kaserne in Sonthofen.
Von 1997 bis 2004 war er insgesamt 5 mal im Ausland (jeweils zwischen 2 und 6 Monaten in Kroatien/IFOR, Sarajewo/SFOR, im Kosovo/KFOR, und 3 mal in Afghanistan/ISAF) als Militärpolizist im Bereich Personenschutz eingesetzt.
Jedes persönliche Erleben erzeugt eine sehr subjektive Wahrnehmung von Abläufen, Ereignissen usw.; in Extremsituationen umso mehr. Soldaten, die in Auslandseinsätzen der Bundeswehr verwendet werden, befinden sich sicher in einer solchen. Sie werden täglich konfrontiert mit Gefahr, Tod, Entbehrung und Leid im jeweiligen Einsatzland. Die Einsätze dienen zur Wahrung und Sicherung des Friedens und letztendlich zur Sicherheit des eigenen Landes, so die politische Rechtfertigung für die Entsendung der Streitkräfte.

Je nach Persönlichkeitsstruktur verarbeitet der Einzelne seine Erlebnisse mehr oder weniger gut und auf unterschiedliche Art und Weise. Manches wird verschüttet. Manches jedoch taucht wieder auf, weil es nur in irgendeiner Kiste wartet, um die Erinnerung wach zu rufen an das Erlebte. Die Aufzeichnungen aus dem Einsatz, ebenso wie die Rückblenden im Nachhinein sind aus dieser individuellen Wahrnehmung von Uwe D. entstanden und eine ganz persönliche Darstellung, bzw. eine Momentaufnahme des Erlebten. Eine Verallgemeinerung soll und kann daraus nicht abgeleitet werden. Was allerdings ablesbar wird, ist, dass sich Soldaten, insbesondere Berufssoldaten – die sich in der Regel berufslebenslang ihrem einzigen Dienstherrn (Bundesrepublik Deutschland) verpflichten – mit sehr existentiellen Fragen auseinandersetzen müssen.
Sie leben und arbeiten in einer ganz eigenen Welt und hinter dicken Kasernenmauern. Von dort dringt nur selten etwas an die Öffentlichkeit. Wahrgenommen wird nur das Probagierte, das Kritisierte oder das politisch und strategisch Gewünschte. Wie auch immer, über die Armee als Institution lesen, hören oder sehen wir täglich und bilden uns eine Meinung. Doch jeder Einzelne der vielen tausend Soldaten, die im Namen Deutschlands ihren Dienst verrichten, hat seine eigene Geschichte, eine Geschichte, die so individuell ist, wie die von jedem von uns. Einer dieser Menschen ist Uwe D.

Die Feldjäger der Bundeswehr im militärpolizeilichen Einsatz in Afghanistan

<\> was ich mache?.......
kannst du alles da drin nachlesen.......
eigentlich bin ich ja nur der **postbote......**
ich bring ein paket von a nach b...
ob das nun schröder oder merkel heißt, ist egal...
und pass auf, dass ihm nichts passiert...mehr ist es nicht...

was tu ich, was mach ich, wer bin ich?.....<>

Uwe D. im Einsatzfahrzeug, ISAF 2003 >\\\7.FJgEinsKtgt KMNB ISAF_Kabul_CD_3\33PersSchtz\PA250299.JPG der in Afghanistan residierende saudische Multi-Millionär Osama bin Laden, dessen Auslieferung die USA seit langem fordern, etwas mit den Attentaten zu tun hätten. Allerdings

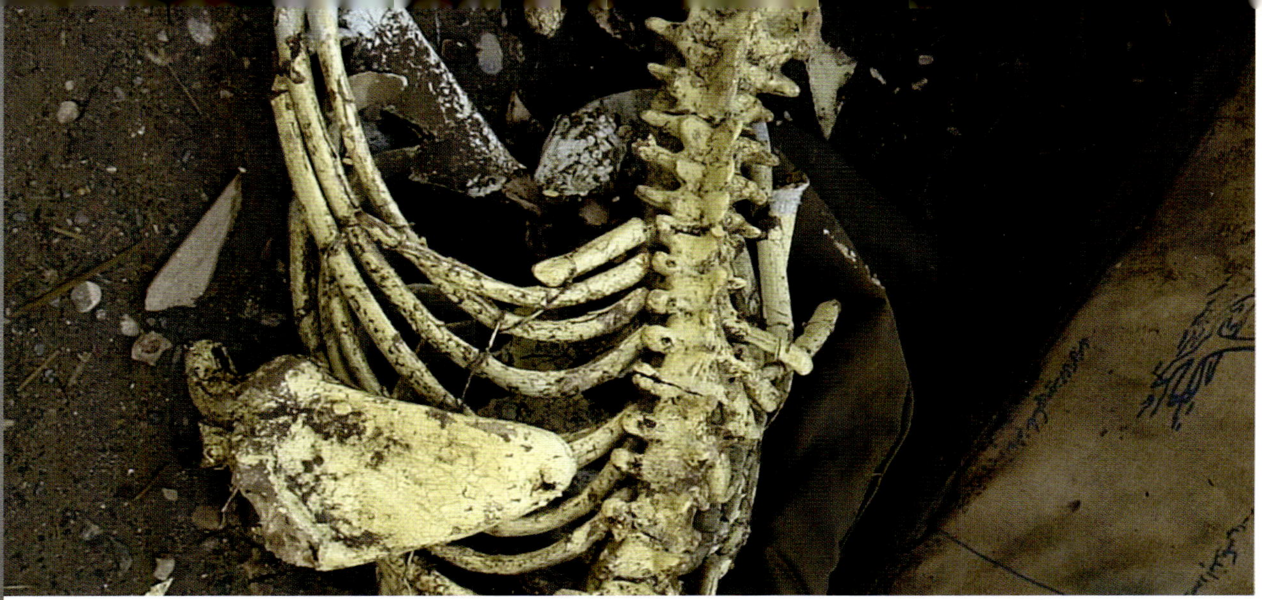

Kabul 2003 >\\\7.FJgEinsKtgt KMNB ISAF_Kabul_CD_1\11Kabul_Stadt\\Cpl_Mark_Ballantyne_RLC\\Medizinisches-Lehrmittel-verstreut-in-einem-Schulhof.JPG

Personenschutz
ist die Gewährleistung der persönlichen Sicherheit einer schutzwürdigen Person (Schutzperson) durch Angriffe Anderer.
Er wird durch die Bewachung der Person nach außen hin in der Öffentlichkeit gewährleistet. Es soll die körperliche Unversehrtheit der Schutzperson gewährleistet werden. Schutzpersonen sind Personen, die im Licht der Öffentlichkeit stehen und ihrer Gefahrenprognose nach einem Risiko ausgesetzt sind.
Die klassische Taktik eines Schutzes ist das Schutzkreuz, d.h. die diamantstrukturartige Anordnung der Personenschützer um die Schutzperson. Sie bewegen sich meist auf Tuchfühlung mit der Schutzperson; sind mehrere Personenschützer tätig, sind sie auch im Umfeld zugegen. Die Hauptaufgabe ist das rechtzeitige Erkennen und Verhindern von Gefahren für die Schutzperson. Dabei achtet man besonders auf auffälliges oder ungewöhnliches Verhalten von Personen, unnormales Aussehen, auf ungewöhnliche Gegenstände und Abläufe. Für den Transport der Schutzperson werden gepanzerte (sondergeschützte) Fahrzeuge eingesetzt.
Art und Umfang des Personenschutzes werden nach individuellen Gefährdungsanalysen festgelegt und können täglich variieren.
www.wikipedia.de

.....ich bin berufssoldat

.....als **feldjäger**.....**militärpolizei**.....bei der bundeswehr.....

.....ausgebildet und eingesetzt als teamleader close protection team - kommandoführer im **personenschutz**.....

.....auf deutsch führer einer personenschutzgruppe - **verantwortlich für das leben** einer eingestuften persönlichkeit....

.....d.h. auf die ein anschlag zu erwarten oder nicht auszuschließen ist.....

.....im einsatz sind meine aufgaben

+ koordinierung der personenschutzeinsätze in allen belangen
+ durchführen der einsätze, ständiger ansprechpartner für alle
+ sicherheitsanalysen erstellen
+ vortrag der eventuellen gefährdung
+ die schutzperson davor bewahren, im vorfeld die örtlichkeit zu besuchen, an denen eventuell
  - gemäß unseren sicherheitsanalysen zufolge - ein anschlag zu erwarten ist
+ entscheidungsträger bei einer eventuellen evakuierung der schutzperson
+ zuständig für beschaffung material im kommando
+ personalsachbearbeiter im kommando

....................also **mädchen für alles** von der sonnencreme bis zur handyschaltung einmal um die welt......

Feldjägerstern an der Generaloberst Beck-Kaserne in Sonthofen >\\\simone_pics_kaserne_2006\IMG_7366modsw.jpg

hatte Bin Laden erst einige Wochen zuvor mit einem „Angriff nicht gekannten Ausmaßes auf amerikanische Interessen" wegen der Unterstützung der USA für Israel gedroht.

Die Feldjäger der Bundeswehr
aus Wikipedia, der freien Enzyklopädie

Als Feldjäger wird seit 1956 die Militärpolizei der Bundeswehr bezeichnet. Sie gehört entsprechend der aktuellen Bundeswehrstruktur der Streitkräftebasis an. Die Bundeswehr verfügt über 32 Feldjägerdienstkommandos.
Traditionelles Symbol der Feldjägertruppe ist der preußische Gardestern (Stern des von Friedrich I. gestifteten Schwarzen Adlerordens mit der Devise Suum cuique = ‚Jedem das Seine')

Aufgaben heute

Militärischer Ordnungsdienst - Der Militärische Ordnungsdienst soll die Vorgesetzten beim Überwachen, Aufrechterhalten und Wiederherstellen der Disziplin und soldatischen Ordnung unterstützen. Die Feldjäger verstehen sich ebenso als zentrale Ansprechstelle für alle Soldaten, die Hilfe benötigen. Darunter fallen folgende Aufgaben: Feldjägerstreifendienst, Einsatz bei Großveranstaltungen mit militärischer Beteiligung, Kontrollen in militärischen Liegenschaften, Unterstützen der Wehrdienstgerichte und sonstiger Justizorgane, Mitwirken beim Sammeln und Rückführen von Versprengten und von in Gewahrsam genommenen Personen, Mitwirken beim Sammeln und Transport von Kriegsgefangenen.
In multinationalen militärischen Einsätzen wird auf der sg. „Arbeitsebene" (d. h. unterhalb der Kommandoebene) traditionell der erste Kontakt zwischen Einheiten verschiedener Nationen über deren jeweilige Militärpolizeien hergestellt; diese Erfahrung hat auch die Feldjägertruppe in ihren verschiedenen Auslandseinsätzen gemacht. Wenngleich in dieser Form im „ständigen Auftrag" nicht festgeschrieben, zählt diese Rolle wohl zum Aufgabenbereich Ordnungsdienst.

Militärischer Verkehrsdienst - Der Militärische Verkehrsdienst beinhaltet die Überwachung und Regelung des militärischen Straßenverkehrs und erfolgt in enger Zusammenarbeit mit der Polizei. Die Kontrollen dienen der Sicherheit im Straßenverkehr sowie der Abwehr von Gefahren für die Streitkräfte. Der militärische Verkehrsdienst gliedert sich in folgende Aufgaben: Erkunden und Kennzeichnen von Straßen, Aufnahme von Verkehrsunfällen mit Bundeswehrbeteiligung, Militärische Verkehrskontrollen, Militärische Verkehrsregelung, Begleiten und Kontrolle von militärischen Gefahrgut- oder Großraumtransporten, Mitwirken beim Planen und Überwachen des militärischen Straßenverkehrs, Einrichten eines Verkehrsleitnetzes inkl. Verkehrsleitpunkte, Regeln des Verkehrs im Spannungs- und Verteidigungsfall, soweit dies für die Erfüllung des Verteidigungsauftrages erforderlich ist.

Wahrnehmung von Sicherheitsaufgaben

Bei der Wahrnehmung von Sicherheitsaufgaben werden Feldjäger eingesetzt, um Straftaten gegen die Bundeswehr zu verhindern und rechtswidrige Störungen der dienstlichen Tätigkeit zu beseitigen. Darüber hinaus können sie auch mit dem Schutz verbündeter Streitkräfte beauftragt werden. Feldjäger leisten außerdem Personen- und Begleitschutz für gefährdete Bundeswehrangehörige. Es gibt folgende Sicherheitsaufgaben: Absicherung von Operationszentralen in Gefechtsständen von Großverbänden, Personen- und Begleitschutz, Eskorten- und Lotsendienst, Absicherung von Besprechungen, Ausstellungen und Vorführungen, Überwachen von Liegenschaften der Bundeswehr, Mitwirken beim Schutz von Objekten, Schutz von Transporten.

Erhebungen und Ermittlungen

Der Aufgabenschwerpunkt Erhebungen und Ermittlungen umfasst die Aufnahme von folgenschweren Unfällen, das Feststellen von Sachverhalten in dienstlichem Interesse, das Mitwirken bei der Aufklärung von Dienstvergehen (auf Ersuchen von Disziplinarvorgesetzten durch Spurensicherung und Sammeln sonstiger Hinweise) sowie die Suche nach unerlaubt abwesenden Soldaten.

Uniform heute

Die Feldjäger tragen rote Barette mit dem preußischen Gardestern (Stern des Schwarzen Adlerordens) als Abzeichen. Die Kragenspiegel mit preußischer Litzenstickerei in der Waffenfarbe orange unterlegt; ebenso in orange die Vorstöße an den Schulterklappen. Je nach Einsatzart wird weißes Lederzeug (Koppel mit Gurt; Stulphandschuhe) getragen. Nach Tradition des Säbeltragens hängt die Pistolentasche auf der linken Seite des Koppels. Das weiße Koppel wurde inzwischen durch das „Schwarzzeug" ausgetauscht, d. h. schwarze MP-Binde, darunter etwas kleiner der Schriftzug „Feldjäger" sowie schwarzes Koppel mit schwarzem Pistolenholster, Handschließentasche usw. Das „Weißzeug" bleibt der Feldjägertruppe jedoch für repräsentative Veranstaltungen der Bundeswehr in der Öffentlichkeit, wie z. B. den großen Zapfenstreich, und den Eskortendienst erhalten.

Geschichte

Der Begriff „Feldjäger" hatte ursprünglich nichts mit militärpolizeilichen Aufgaben zu tun, sondern bezeichnete Truppen, die sich aus waffenkundigen Forstleuten und Jägern zusammensetzten. Schon 1631 stellte der Landgraf Wilhelm V. von Hessen-Kassel eine solche Einheit in seiner Armee auf. Der Große Kurfürst, Friedrich Wilhelm, übernahm dieses Truppenteilkonzept einige Jahre später.
Am 24.11.1740 erfolgte auf Schloss Rheinsberg in Brandenburg durch König Friedrich II. von Preußen der Aufstellungsbefehl an den Aufseher Schenck des Jägerhofes in Potsdam. Dieser wurde zum „Capitaine de Guides" ernannt und sollte die preußische Armee mit guten Wegweisern versorgen. Aus ihnen ging das Garde-Jäger-Bataillon hervor.
Bedeutung erlangte dieser Truppenteil im Vorfeld der Schlesischen Kriege. Die Einheit, die sich im Gelände orientieren konnte, war gewandt, zuverlässig und auch im Umgang mit Waffen geübter als die meisten regulären Truppenteile. Auch in den napoleonischen Kriegen hat sich diese „Truppe ohne Mannschaft" bewährt. Vor allem als Späher und Kuriere waren sie überaus geschätzt. Bis 1919, als das Feldjäger-Corps im Rahmen der Reduzierung der deutschen Truppen auf die Stärke von 100.000 Mann gemäß Versailler Vertrag aufgelöst wurde, waren Feldjäger sogar den deutschen Botschaften im europäischen Ausland als Kuriere zugeordnet.
Neben der berittenen Truppe stellte Friedrich der Große vier Jahre später 1744 das Feldjägerkorps zu Fuß auf, rekrutiert aus dem einheimischen Forstpersonal und deren Söhnen. Die zu Beginn 300 Mann starke Einheit, die ihre eigene Bewaffnung mitbrachte (die Jagdgewehre waren zu dieser Zeit den Infanteriewaffen in Punkto Treffgenauigkeit deutlich überlegen), wuchs bis zu Friedrichs II. Tod auf rund 1.000 Mann an und gilt als Vorläufer aller Jägerbataillone.
Den aus dem militärischen Dienst ausgeschiedenen Mitgliedern wurde eine Übernahme in den Forstdienst garantiert. Nach Schulungen traten Mannschaftsdienstgrade meist in den unteren Forstdienst ein. Anzumerken bleibt, dass der Anteil der forstlichen Ausbildung, insbesondere bei den Offizieren des Corps, gegenüber der militärischen überwog. Die Offiziere studierten dabei an der Preußischen Forstlichen Hochschule Eberswalde, an der zeitweise auch Georg Ludwig Hartig lehrte. Diese akademische Tradition des Königlich Preußischen Reitenden Feldjäger Corps (Emblem „RFC") wurde nach der Auflösung des aktiven Corps 1919 durch die sogenannten Akademischen Feldjägergesellschaften sowie später durch den Feldjägerverein weitergeführt.
Da mit wachsender Truppenstärke nicht alle in den Forstdienst übernommen werden konnten, wandelte sich im Laufe der Zeit der Aufgabenbereich der Truppe. Sie wurde vollständig zu „normaler" Infanterie.

Feldgendarmerie

In der Zeit nach den Napoleonischen Kriegen bis zum Ende des Dritten Reiches war die Bezeichnung „Feldgendarmerie" für die Polizei im Militärdienst üblich.

>>Suum cuique (lat. Jedem das Seine)
Teilstück aus der griechischen, von Rom übernommenen und heute klassischen Definition der Gerechtigkeit vgl. Cicero, de finibus V, 23, 67: iustitia in suo cuiquetribuendo cernitur = Die Gerechtigkeit zeigt sich darin, dass man jedem das Seine gibt.

Suum Cuique in der Rechtsgeschichte
In dem politischen und juristischen Sinne „Jedem das Seine zuteilen" wird die Formel vor allem bei Cicero, De legibus 1, 6 19, verwendet, der dort an die Ableitung des griechischen Substantivs „nómos" (Gesetz) von dem Wort „némo" (grc. - zuteilen) erinnert: „Eamque rem (gemeint: legem) illi Graeco putant nomine a suum cuique tribuendo appellatam" - „Und diese Sache (das Gesetz) sei, wie jene glauben, mit ihrer griechischen Bezeichnung nach dem „jedem das Seine zuteilen" benannt.
Auch in Cicero, De officiis 1, 5, 15, findet sich der Ausdruck: in hominum societate tuenda tribuendoque suum cuique et rerum contractarum fide: ... die Gesellschaft der Menschen aufrechtzuerhalten und jedem das Seine zukommen zu lassen, sowie in der Verlässlichkeit vertraglicher Abmachungen.
Bei Ulpian im Corpus Iuris Civilis, Digesten 1, 1, 10, heißt es: Iustitia est constans et perpetua voluntas ius suum cuique tribuendi. - Die Gerechtigkeit ist der beständige und dauerhafte Wille, jedem sein Recht zukommen zu lassen.

Pervertiert gebraucht wurde die deutsche Übersetzung „Jedem das Seine" als höhnisches Motto am Eingangstor des nationalsozialistischen Konzentrationslagers Buchenwald.

Bis 1. Weltkrieg

Die Funktion der Feldpolizei wurde von der Feldgendarmerie und somit von den einzelnen Feldgendarmen wahrgenommen. Durch französisches Vorbild bildete sich die Waffengattung erst zögerlich nach den napoleonischen Kriegen in Deutschland. Die Feldgendarmerie bestand in Deutschland bis zum 1. Weltkrieg zumeist in Kriegszeiten und wurde erst bei der Mobilmachung aufgestellt. Eine erste Bedeutung erlangte die Truppe in den Kriegen 1866 und 1870/71. Zusammengesetzt aus zur Armee übergetretenen Landgendarmen und abkommandierten Unteroffizieren und Mannschaften berittener Einheiten bestand der hauptsächliche Verwendungszweck im Ordnungsdienst in der Etappe, dem Verkehrsdienst und auch sicherheitspolizeilichen Funktionen (z.B. Spionageabwehr). Bei Kriegsbeginn 1914 gab es in Deutschland ca. 33 Einheiten der Feldgendarmerie, die im Verlauf des Krieges auf über 100 erweitert wurden. Erkennungsmerkmal waren der Ringkragen und teilweise auch nur eine Armbinde.

2. Weltkrieg

Im Zweiten Weltkrieg und besonders zum Ende des Krieges hin fielen den deutschen Feldgendarmen Zehntausende „Fahnenflüchtiger" in die Hände und wurden entsprechend Hitlers Parole „Der Soldat kann sterben, der Deserteur muss sterben" exekutiert. Im Volksmund wurden die Feldgendarmen als Kettenhunde bezeichnet. Darüberhinaus wurde die Feldgendarmerie der Wehrmacht als Heldenklau berüchtigt, da sie selbst die Flüchtlingstrecks aus dem Osten noch nach potentiell waffenfähigen Männern absuchten. Die Rolle der Feldgendarmerie zählt bisher zu den am schlechtesten aufgearbeiteten Kapiteln der NS-Gewaltherrschaft und des Zweiten Weltkriegs.

Die neue Feldjägertruppe der Bundeswehr

Die Bundeswehr übernahm schließlich die traditionsreiche preußische Bezeichnung „Feldjäger" für ihre militärische Ordnungstruppe. Nach Unterzeichnung des Aufstellungsbefehl Nr.1 für die Bundeswehr am 6.10.1955 durch den damaligen General Heusinger wurde im ehemaligen Luftwaffenlazarett in Andernach u. a. eine Militärpolizei-Lehrkompanie aufgestellt. Am 30. Januar 1956 wurde der Begriff „Militärpolizei" durch den damaligen Staatssekretär Rust durch „Feldjäger" ersetzt.
Ursache dafür sind neben den traditionellen Gründen besonders rechtliche Bedenken: Entgegen einer „Polizei" und auch den Befugnissen der Militärpolizeien anderer Streitkräfte verfügt die Feldjägertruppe nicht über eigene disziplinare Gewalt - das ist dem jeweiligen Disziplinarvorgesetzten des betroffenen Soldaten vorbehalten. - Seit dem Beginn der Teilnahme der Bundeswehr an multinationalen Auslandseinsätzen (UNOSOM, spätestens aber IFOR) aber nimmt die Feldjägertruppe wenigstens äußerlich mehr und mehr das Bild einer „Militärpolizei" an (s. dazu oben „Aufgaben heute" bzw. „Uniform heute").

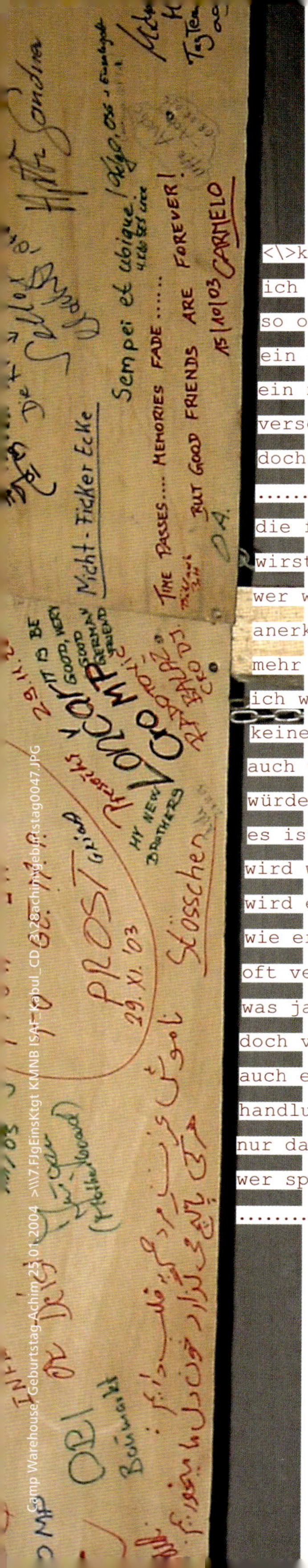

Camp Warehouse, Geburtstag Achim 25.01.2004 >\\7.FJgEinsKtgt KMNB ISAF Kabul_CD 3\28achimgeburtstag0047.JPG

<\>keine fragen die ich beantworten kann.................
ich schreibe nieder was mich bewegt..........
so oft erzählt von meiner dunklen sonnenbrille, hinter der ich verberg mein wahres ich.
ein ort der **zuflucht**.........
ein nicht heranlassen der wahren gefühle,
verschrien als cool in meiner branche ist sie allemal die sonnenbrille........
doch keiner der ist nicht von uns wird je verstehen, was sie uns bedeutet.....
......**angst, beklemmnis**.......ein jeder von uns schon so oft verspürt....
die frage nach dem **was machst du hier**............
wirst du je den tag nach der nacht erneut erleben....
wer wird mich je verstehen........
anerkennung und achtung in dem was man tut wird nicht gesucht,
mehr die eigene zufriedenheit in dem jetzt und hier.........
ich will nach hause zu meiner familie, weiss nicht ob ich morgen noch bin hier.........
keiner mag verstehen was ich fühl.............
auch wenn die angst noch so gross und die furcht..................sie wieder zu sehen.....
würde man nie gehen von hier.........
es ist mehr als ein job..................
wird wohl einer je von uns stehen zu seinen gefühlen..........
wird er je preisgeben was er fühlt...........
wie er den finger am stahl spürt......in der sekunde in seiner pflicht.........
oft verschrien durch das volk.........endlich ein zugestehen an den job.........
was jahrelang geübt und gut bezahlt wurde.........
doch vergessen alle nur das eine, das so unwichtig erscheint.....
auch er ist nur ein **mensch aus fleisch und blut**.........
handlungsabläufe trainiert und einstudiert...........im ff laufen sie ab, ein fluss von perfektion.........
nur das danach...............**man oft sich so alleine fühlt**...........
wer spricht denn schon gerne von dem gestrigen, wenn man leben darf in dem heute........
.........**warum schämen sich männer für ihre gefühle?????????<>**

ich habe gefühle

bin aber auch hart wie stein
mein job verlangt mir dies ab
ich trage eine sonnenbrille
dahinter verberg ich mein gesicht...

+++ 12.09.2001 +++ Da sich der Hauptverdächtige für die am Vortag auf New York und Washington verübten Terroranschläge, Osama bin Laden, in Afghanistan aufhält und die

Uwe D. 2006 >\\\simone_pics_kaserne_2006\IMG_7366modsw.jpg

Uwe D. 2004, Beifahrer mit Sonnenbrille >\\7.FJgEinsKtgt KMNB ISAF_Kabul_CD_3\33PersSchtz\PA250069.JPG

Soldaten leiden unter Auslandseinsätzen

Deutschland hat die Führung der Internationalen Schutztruppe (ISAF) an die Kanadier übergeben. 1700 deutsche Soldaten bleiben in Afghanistan. Für einige bedeuten solche Auslandseinsätze Psychostress. ... Unter Experten herrscht Konsens: Auslandseinsätze an sich stellen für Soldaten eine enorme Belastung dar. Mit steigender Selbstmordrate hat die Bundeswehr zwar nicht zu kämpfen: Seit Beginn der Auslandseinsätze haben sich elf Soldaten das Leben genommen, teilt das Verteidigungsministerium auf Anfrage von DW-WORLD mit. Allerdings räumt es ein, dass es „trotz aller Präventionsmaßnahmen zu einer Zunahme von Soldaten gekommen ist, deren psychische Verfassung ungünstig beeinflusst wurde".

Dunkelziffer

Verantwortlich dafür seien die längere Dauer und die steigende Anzahl von Auslandseinsätzen sowie die „Zunahme psychotraumatisierender Erlebnisse". Zwischen einem und 1,5 Prozent der Soldaten seien von psychischen Störungen betroffen. Das sei aber im internationalen Vergleich wenig, betont das Ministerium. Hier läge der durchschnittliche Anteil zwischen zwei und 2,5 Prozent. Für Marcus Garbers, Referatsleiter für Betreuung und Fürsorge beim Bundeswehrverband, sind Statistiken zu diesem Thema nur bedingt aussagekräftig. „Es gibt eine größere Dunkelziffer", sagt Garbers. Soldaten mit psychischen Problemen trauten sich häufig nicht, darüber zu sprechen. Nach Ansicht von Wehrpsychologen gibt es immer noch Vorgesetzte, die Soldaten, die nicht „ihren Mann stehen" für ungeeignet halten.

Symptome erst nach Monaten

Dabei bringt das harte Leben im Feldlager so manchen Soldaten trotz guter Vorbereitung aus dem Gleichgewicht. In Afghanistan etwa gibt es kaum Intimsphäre, Familie und Freunde sind weit weg, dazu kommt die Angst vor Anschlägen. Traumatische Erlebnisse wie der Angriff auf einen Bundeswehrbus im Juni 2003 in Kabul sind selten, doch nicht auszuschließen. Damals waren vier deutsche Soldaten gestorben, 29 wurden zum Teil schwer verletzt. Der Anschlag hinterließ nicht nur körperliche Wunden. Noch heute kämpfen Opfer und Helfer damit, die schrecklichen Bilder von damals zu verkraften. Häufig treten die psychischen Störungen erst Monate nach dem Einsatz auf. Die so genannten Posttraumatische Belastungsstörungen (PTBS) äußern sich in Form von Panikattacken, Herzrasen, Schwindel und Durchfall, aber Aggressionen, Leeregefühl und Frustration. Werden die PTBS nicht behandelt, können sie über Jahrzehnte erhalten bleiben. Noch 15 Jahre nach Ende des Vietnamkrieges habe eine viertel Million US-Veteranen an PTBS gelitten, schreibt das Reservistenmagazin „loyal".

Familäre Probleme

Der Bundeswehrverband stellt fest, dass die Zahl der Trennungen steigt. „Es rufen uns immer mehr Soldaten an, die sich nach Auslandseinsätzen über familiäre Probleme beklagen", sagt Garbers. Eine Studie des Sozialwissenschaftlichen Instituts der Bundeswehr aus dem Jahr 2002, die noch immer vom Verteidigungsministerium unter Verschluss gehalten wird, bestätigt diese Aussage. Eine Befragung von KFOR-Soldaten ergab, dass 15 Prozent der Partnerschaften in die Brüche gehen. Dabei sind vor allem „sehr junge Soldaten mit noch lockeren Partnerschaften" betroffen, betont das Verteidigungsministerium.
Für die Autoren der Studie, die DW-WORLD in Auszügen vorliegt, ist das aber „kein Grund zur Beruhigung". So könne davon ausgegangen werden, dass die „Qualität der Ehen unter dem Einsatz leidet, ohne dass es direkt zu einer Trennung kommt".
Garbers fordert deshalb, die Dauer des Auslandseinsatzes eines Soldaten von sechs auf vier Monate zu reduzieren. Struck habe schon bekannt gegeben, dass er die Verkürzung anstrebe. „Wir hoffen, dass diese Absicht auch umgesetzt wird", so Garbers. Das Verteidigungsministerium hält sich mit konkreten Aussagen aber noch zurück: „Die Umstellung der Kontingentdauer wird derzeit geprüft", teilte es auf Anfrage mit. Quelle: www.deutsche-welle.de

Neujahrsfest, Afghanistan >\\W7. FJgEinsKtgt KMNB ISAF_Kabul_CD_1\116soportundfolklore\bouzachi1JPG

<\>bilder, die
eindrücke vermitteln,
bleibende eindrücke,
wiederkehrende
eindrücke, das auge
des betrachters mag
erkennen,
interpretieren das
festgehaltene.........
ob realitätsnah oder
fremd ist im
nachhinein nicht
feststellbar,
ausser, die personen
der ablichtungen
werden **lebendig** und
erzählen ihre
geschichte....
allzuoft **schweigen** sie
jedoch, vielleicht weil
ihnen keiner mehr zu-
hört.....
weil es nur eine
geschichte
von vielen ist......
weil die geschichte
schon tausendmal
erzählt wurde.....
weil die geschichte so
erzählt wird, wie man
sie sich erhofft hat...
oder weil das erlebte
schon lange in einer
schublade abgelegt
wurde, die man nicht
mehr öffnen will....
oder an deren lagerort
man sich nicht mehr
erinnern will......<>

USA Vergeltung angekündigt haben, ziehen die Vereinten Nationen ihre ausländischen Mitarbeiter aus Afghanistan ab. Bin Laden selbst gratulierte inzwischen in einem beim

Generaloberst Beck-Kaserne in Sonthofen >\\\simone_pics_kaserne_2006\IMG_7591modsw.jpg

Gelöbnis

Das Feierliche Gelöbnis ist ein Vorgang in der Bundeswehr, bei dem wehrpflichtige Soldaten sich zu ihrer Grundpflicht bekennen und geloben:

„Ich gelobe, der Bundesrepublik Deutschland treu zu dienen und das Recht und die Freiheit des deutschen Volkes tapfer zu verteidigen."

Kosovo, 1999 >\\\sonstige\012b.jpg

pakistanischen Nachrichtendienst eingegangenen Fax den Attentätern und bezeichnete die Anschläge als „Strafe Gottes für die USA", stritt jedoch seine eigene Beteiligung ab.

Anna zuhause >\\\privatarchiv\IM000994annamcd.jpg

<\>irgendwann mein erster einsatz

manch ein einzelner enttäuscht war, nicht dabei sein zu dürfen oder zu können....
ob nun gleich seine qualifikation nicht gefordert........
oder der eine vielleicht subjektiv der bessere war.........
die politik damals vermutlich hat niemand betrachtet....
nicht vorstellbar, dass **deutsche soldaten in sarajewo**
zum wohle der staatengemeinschaft
und zur **sicherstellung des friedens**
sowie zur aufbauhilfe je ihren dienst verrichten werden...
in den medien durch unsere politk vereint,
im ansatz als **undenkbar** diskutiert...
das militär jedoch schon in der vorbereitung auf **geheiss der politik**......
für den möglichen eventuellen einsatz....
aber eigentlich doch nur theoretisch denkbaren......
welch ein zufall, dass nach abschluss der ausbildung
für einen doch so undenkbaren einsatz........
die politische grundlage geschaffen wurde.....
und zugleich auch ein bild der **normalität** entstand,
als man deutsche soldaten nach sarajewo befehligte.....
gut vorbereitet und gerüstet für den job....
wurden wir **abkommandiert**.....
zuvor seminare / veranstaltungen
unter soziologischer federführung des dienstgebers
übers wochenende mit der familie besucht...
diskutiert über trennung und job....
wie werden es die zuhause meistern.......
wer steht ihnen bei?.......
wer hilft ihnen bei den ganz alltäglichen dingen...
einiges wurde **dramatisiert**...
anderes wiederum **totgeschwiegen**......
keiner wusste wie wird es sein.....
wie wird es werden?
denn keiner von uns hatte dies zuvor je erlebt.........
gastreferenten anderer nationen berichteten,
erzählten von ihren einsätzen.....von ihrem erlebten....
manches doch zwischen den zeilen stand........
ein auf sich zukommen lassen.......ein abwarten....besser erschien,
als sich zuvor mit dem „was wird sein wenn“...verrückt zu machen.....
ein hinterdenken........zu vermeiden.....
banales belangloses............wurde auf einmal so wichtig......

Endlich Ruhe >\\\privatarchiv\fuer_meinen_knuddel\endlich_Ruhe.jpg

+++ 13.09.2001 +++ Taliban-Chef Mullah Mohammad Omar ruft die afghanische Bevölkerung in einer Rundfunkansprache auf, sich auf einen Angriff der USA einzustellen und

für den aussenstehenden vielleicht nicht
nachvollziehbar......**kurz beschrieben**......
man stelle sich vor in einer lebensgemeinschaft...
nimmt jeder täglich aufs neue seine aufgaben
wahr....vermutlich mehr im **unterbewusstsein**...
man denkt nicht darüber nach.........
man ergänzt sich......man hilft einander...
man hört dem anderen zu....
es kommt nun der tag x
an dem der eine über hunderte kilometer entfernt...
seinen mann oder seine frau im einsatz steht.....
für monate hinweg.........und nun......
wer ersetzt ihn zuhause...................
für die doch so oft alltäglichen kleine dinge...
über die man zuvor nie nachdachte.........
weil sie von der hand liefen........
sowie der tag auf die nacht erfolgt.......
welche belastung kommt auf den zu
der zuhause bleibt.....
schliesse die augen und denke darüber nach,
dann kann man es vielleicht verstehen............

einst im bus auf der fahrt zum flieger weil der
einsatzbefehl mal wieder in der tasche...da klingelte
das handy bei einem neben mir sitzenden soldaten,
den ich persönlich nicht kannte......
dem gespräch zufolge rief ihn seine frau an.....
<<schatz unsere heizung geht nicht und es ist kalt>>
er antwortete mit fachlichen begriffen......
erklärte ihr die heizungsanlage im detail für die
fehlersuche.......auf einmal unterbrach er und sagte...
<<**schatz vergiss**........mir fällt gerade ein....
wir haben dieses jahr ja gar nicht getankt........>>
.....kein wunder geht die heizung nicht......
.................er hatte es einfach vergessen.......
der einsatz stand im **mittelpunkt**......<>

Checkliste

vor dem Einsatz: Testament, Rechtsanwaltsvollmacht, Vormundschaft, Lebensversicherung, Haushaltsplanung, Telefonnummern, Planung für den Notfall, Handwerkerliste, KfZ-Inspektion, Benzinsorte, Pass, Truppenausweis, Visum, Impfung, Erkennungsmarke, Kontaktdaten Zentrum innere Führung, Nachkommando.

Aus der Broschüre „Vorbereitung auf den Einsatzstress" Herausgeber: Bundesministerium der Verteidigung

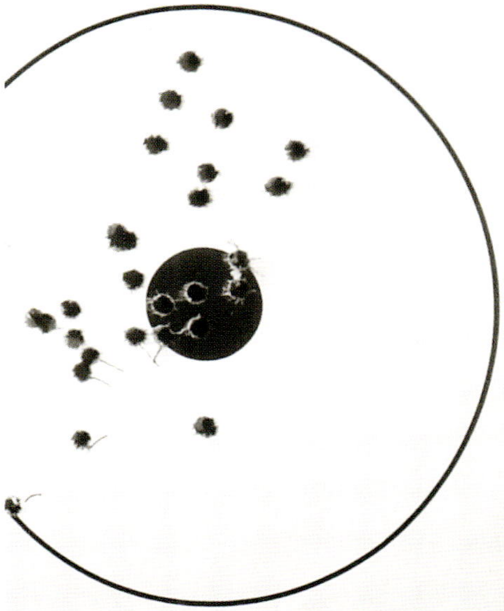

Schießen Übungsplatz >\\I7.FJgEinsKtgt KMNB ISAF_Kabul_CD_2\23_Schiessen_AFG _FJgEinsKp_ISAF.JPG

sich dem Feind tapfer entgegenzustellen. „Ich habe keine Angst vor dem Tod oder Verlust der Macht“, sagt er. „Ich bin bereit, Macht und Sitz aufzugeben, aber nicht den Islam.“

<\>was ist mehr wert.......der job oder die familie........
fragte mich mal ein psychologe.....welche eine frage.......
gibt es eine familie in der heutigen zeit mit all dem konsum ohne job....
baut nicht das eine auf das andere auf.
ich kann diese frage hier nicht abschliessend beantworten....
dies soll jeder für sich entscheiden, gleichwohl welchen job er inne hat....
ein beispiel will ich jedoch hier niederschreiben............
......vielleicht findet sich in den worten die antwort............

als ich meinem sohn - damals 10 jahre alt - mitteilte, dass ich wieder für
einige zeit beruflich ins ausland muss, entgegnete er mir:........

................................papa, wohin denn.......

..nach afghanistan

................................papa, da gehst du nicht hin

denn damals hatte er wohl noch die eindrücke, die bilder von der presse im kopf,
als amerikanische verbände noch ihre einsätze in afghanistan flogen..........
ich erschrak, denn bisher stand das „nicht gehen“ nie zur debatte.....ich fragte ihn

...ja was soll ich denn tun, das ist doch mein job

................................ja papa, dann kündigst du.....
................................ich will dass du kündigst.......
................................und.......papa....
................................wenn ich gross bin....
................................dann wähle ich die partei XX,...........
................................weil dann muss die bundeswehr nie mehr in den einsatz
................................und du kannst auch bei uns bleiben.....

nun steht man da als erwachsener und blickt in kinderaugen,
in denen sich die angst widerspiegelt.........
worte zu finden nicht einfach, die richtigen worte.....
was entgegnet man seinem 10-jährigen kind in dieser situation....
umschreiben.................verharmlosende worte finden......
wenn doch täglich in den medien das szenario afghanistan **aufgeputscht** wird
um so den absatz sicherzustellen....

....wie überzeugt man ein kind von seiner

v o r g e f a s s t e n m e i n u n g . . . . . .

ich betrachtete es nüchtern....
weil ich wusste......wenn ich es versuche es zu

. . . v e r h a r m l o s e n . . . .

dann scheitere ich gänzlich.............

ich erklärte ihm....
dass wenn ich kündige....
dann gibt es nicht mehr für alle
den eigenen pc.......
der eigene internetanschluss...
das eigene zimmer...
das eigene haus......
die tollen hobbies usw.......
.....weil man mit 40 in der
heutigen berufswelt so
keinen fuss mehr fassen kann.....

Sicht des Bordschützen CH53 >\\\KTGT CD KMNBIII Kabul 2003_2\120Heeresflieger\CH53.JPG

.........darauf hin entgegnete mir mein sohn...............
.............**na papa, dann geh du mal arbeiten**......**<>**

Patronen 9 x 19 mm für Pistole >\\\simone_pics_diverse_2006\IMG_8220modsw.jpg

s ist ein Mangel
an Größe und
an
ntnis der Aufgabe,
enn ein Soldat
in höchster
lung seine Pflichten
d Aufgaben nur
begrenzten Rahmen
ner militärischen
ge sieht, ohne sich der
höchsten

Generaloberst Ludwig Beck, seit 1935 Chef des Generalstabes des Heeres, versuchte, nachdem er Hitlers aggressive Außenpolitik erkannte, mit Denkschriften und Vorträgen über das Risiko eines Krieges aufzuklären. Als er erkannte, wie wenig Rückhalt er bei der Generalität mit seinen Warnungen fand, trat er in letzter Konsequenz im August 1938 von seinem Amt zurück. Er wurde später zum geistigen Oberhaupt des deutschen militärischen Widerstandes. Am 20. Juli 1944 kam er im Zusammenhang mit dem Scheitern des Attentats gegen Hitler ums Leben.

„Es ist ein Mangel an Größe und an Erkenntnis der Aufgabe, wenn ein Soldat in höchster Stellung seine Pflichten und Aufgaben nur in dem begrenzten Rahmen seiner militärischen Aufträge sieht, ohne sich der höchsten Verantwortung vor dem gesamten Volke bewusst zu werden."

Diese Aussage verdeutlicht in besonderem Maße, dass Beck sein Gewissen und seine Verantwortung vor Gott und dem deutschen Volk höher stellte als seine militärische Karriere.

+++ 14.09.2001 +++ Ahmed Schah Massud, der Militärchef der gegen die Taliban kämpfenden afghanischen Opposition, erliegt den schweren Verletzungen, die er am 09.09.bei

ntwortung

<\> >>meine jungs **tauften** mich in einem meiner einsätze mit dem funknamen papa.....kurzentschlossen war der fahrer von mir in mama getauft.......wo auch immer not am mann war wurde papa oder mama über funk gerufen.... meine ausrüstungsgegenstände wurden alle samt mit papa gekennzeichnet...weil ich wohl gerne mal das eine oder andere liegen ließ in der eile oder in der hektik......

auch wenn wir uns heute nach all den jahren begegnen ist der funkname noch immer gegenwärtig..........die geschichten.......werden nimmer müde................sie leben in uns..........ein schmunzeln, ein stirnrunzeln, ein lächeln............immer wieder gerne.............man sitzt an einem tisch und erzählt gemeinsam über das erlebte und vergangene.......

wie kam ich zu dem beruf..........zu meinem jetzigen beruf..........

in meiner steuererklärung nüchtern benannt von mir.....................soldat.........**berufssoldat**..........

dies ist eine sehr lange und vermutlich ermüdende geschichte..........

von kindesbeinen an wollte ich alles werden nur nie soldat.......mein traumberuf, mein innigster wunsch war behaftet mit dem einzigen thema....**pferde**.....mit 14 oder 15 hatte ich mein erstes.......als die berufswahl anstand......und ich zu hause bei tisch erwähnte, dass ich pferdewirt mit schwerpunkt reiten erlernen will.........war das getöse gross, nur nicht auf meiner seite......das bild noch heute im noch so kleinsten detail vor augen ....nie vergessen der bruch meiner träume..........und zuversicht............alles nur dies nicht, wurde mir entgegengeschmettert......ich fand nichts verwerfliches daran, diesen beruf zu erlernen ....im landesgestüt in marbach.........du wirst fliesenleger, das macht schon dein patenonkel und der job ist nicht schlecht......da hast du mittags um zwei frei und das einkommen stimmt auch.....so schmetterte es mir damals entgegen. und mit dem erreichten schulabschluss gab es ja auch keine grössere berufsauswahl, so der tenor meiner eltern.........das gesteckte ziel meiner eltern, das ach so wichtige abitur, konnte ich zielgerichtet umgehen, dies war wohl meine art zu signalisieren.......**hallo, da ist noch wer**...........wenn ich **provokant** nach rechts ging wenn meine eltern mir den linken weg als geeignet aufzeigten...........änderte sich nichts...mein hallo da ist noch wer.......es verhallte wie immer im nichts.......zwischen dem alltag und berufswelt meiner eltern ging es **wortlos** unter.....und so trat ich meine lehre auf geheiss meiner eltern an ....meine signale behielt ich bei.......rebellieren war angesagt.........ich war bestimmt kein einfacher lehrling.....zur zwischenprüfung trat ich völlig übermüdet und - wenn ich mich so recht zurück erinnere auch in einem ein-bisschen-über-den-durst-getrunkenem zustand an.........die erreichte note stand im einklang mit meiner tagesverfassung und der lust zur lehre.........auch dieses signal.........fand kein gehör.....ich verlor schon fast die lust an meinem rebellieren.........ich riss mich zusammen und brachte meine lehre mit erfolg-reichem abschluss widerwillig zu ende.........aus finanzieller sicht konnte ich mir eine neue berufsausbildung in meinem **traumberuf** nicht leisten........da ich ja gewillt war, auf eigenen füssen zustehen.....die tatsache, dass ich mir den nächsten arbeitgeber selbständig aussuchte - ohne einreden meiner eltern - gab mir neue **kraft** und zeigte mir den beruf in einem neuen blickwinkel.....ich fühlte mich das erstemal rundum wohl in meiner berufswelt......................mit 23 jahre heiratete ich, familie wurde gegründet und ich ging meiner verantwortung nach................vom zuständigen kreiswehrersatzamt in karlsruhe wurde mir ein schreiben zugestellt.........darin stand, dass die bundeswehr derzeit keine verheirateten männer zur ableistung ihrer wehrpflicht einzieht..........doch man wies vorsorglich darauf hin, dass man beabsichtigt die wehrpflicht von 15 monaten auf 18 monate zu erhöhen und wenn ich mich freiwillig damit einverstanden erklären würde, könnte ich noch dieses jahr meine 15 monatige wehrpflicht ableisten........kurz entschlossen und völlig unbedarft gab ich mein schriftliches einverständnis.......und nun bekam auch ich wie so viele männer den besagten brief, den einberufungsbescheid.......sie haben sich am 03.10.1988 um......in........zu melden........sofern sie dieser aufforderung nicht nachkommen......kann gegen sie gemäß den **§§§§**...absätzen...folgende zwangsmaßnah-men....eingeleitet werden...

+++ 14.09.2001 +++ Ahmed Schah Massud, der Militärchef der gegen die Taliban kämpfenden afghanischen Opposition, erliegt den schweren Verletzungen, die er am 09.09. bei

nun stand ich da in der kaserne, es herrschte ein **rauher ton**.....
menschen in uniform die uns anwiesen............
das schlucken fiel schwer.....
um 22.00 Uhr licht aus und ruhe im block............
....das rauchen wurde nur auf befehl erlaubt.................
wieso gab ich nur mein **einverständnis** für all dies hier...............

Einsatzhelm >\\\simone_pics_kaserne_2006\IMG_7970.jpg

die bundesregierung beschloss, dass die wehrpflicht nicht auf 18 monate verlängert wird sondern um 3 monate verkürzt wird.........die verkürzung der wehrpflicht wurde jedoch zeitlich erst nach dem termin, der ableistung meiner 15 monate gesetzlich novilliert.........
....so hatte ich zu deutsch schon wieder die a...karte gezogen..............nach abschluss meiner grundausbildung und mit abversetzung in meine stammeinheit, lernte ich das berufsbild soldat von einer gänzlich anderen positiven seite kennen................**kameradschaft**.........für einander da sein...............für einander einstehen.........**verantwortung** übernehmen.........verantwortlich sein..........breitgefächertes **aufgabenspektrum**......gefordert zu werden.....**akzeptiert** zu werden.......ein ziel gemeinsam zu verfolgen.......dies waren wohl einige gründe warum ich mich entschloss mich auf 4 jahre zu verpflichten..auf die besagten 4 jahre folgte die verpflichtung auf 8 jahre............meine verpflichtung von 8 jahre auf 12 jahre wurde durch die personalbearbeitende stelle wegen angeblichen neuen strukturen abschlägig beschieden.....eine welt brach für mich ein......ärgerlich und enttäuscht von der besagten personalpolitik orientierte ich mich nach neuen aufgaben ausserhalb der bundeswehr..............
.......mein chef überredete mich, meinen antrag zur übernahme zum **berufssoldaten** zu stellen....................prozentual gesehen stellen die berufssoldaten den kleinsten anteil in der bundeswehr dar.......eine solche übernahme schaffen letztendlich nur wenige.........getragen vom gedanken dass es sowieso aussichtslos ist stellte ich diesen antrag, der routinemässig erst ein jahr später entschieden und bekannt gegeben wird......
.......zwischenzeitlich erhielt ich meine abkommandierung nach england für ein halbes jahr....eine verwendung auf die ich mich freute......und auf die ich auch ein bisschen stolz war.....eine woche vor abkommandierung, in meinem urlaub rief mich mein kompaniechef an und stellte mir nüchtern die frage...........was mir mehr am herzen liegen würde.......die abkommandierung nach england oder die übernahme zum berufssoldaten..........mir fiel die antwort sichtlich schwer, nicht wegen der aufgabe meiner verwendung in england, sondern wegen dem schritt in das diensverhältnis eines berufssoldaten zu wechseln......wir verabredeten uns für den nächsten tag, um alle wenn und aber zu hinterfragen. abschließend stand fest, ich bejahe gänzlich die angestrebte übernahme und so erhielt ich die urkunde und wurde in das dienstverhältnis eines berufssoldaten berufen....
.....die entscheidung vom **bundesverfassungsgericht** in karlsruhe lag damals noch nicht vor, dass soldaten der bundeswehr in den heute schon fast routinemäßigen auslandseinsätzen verwendet werden können..........diese spätere entscheidung wurde getroffen und unmittelbar über die medien verkündet........welche bandbreite und veränderung diese mit sich bringen wird, war damals wohl noch für niemand absehbar................<>

Lagerimpressionen >\\\7.FJgEinsKtgt KMNB ISAF_Kabul_CD1\impressionen\12.jpg

ISAF - Am Fuße des Hindukusch

Das zweitgrößte Kontingent der ISAF, der International Security Assistance Force in Afghanistan stellt mit 2060 Soldaten die Bundeswehr. Der Einsatz wurde nach dem Bundestagsbeschluss vom 22. Dezember 2001 begonnen. Mit einem Unterstützungsteam in Kundus und der Arbeit in der Hauptstadt Kabul tragen die Soldaten in Afghanistan zur inneren Sicherheit bei.
Der Auftrag der Soldaten lautet auf Unterstützung der Regierung und die Sicherung eines friedlichen Umfeldes. Die Soldaten nehmen zugleich einen Ausbildungsauftrag für einheimische Streitkräfte wahr.
Die Bedrohung im Afghanistan ist allgegenwärtig. Neben Angriffen auf das Feldlager, das Camp Warehouse ist vor allem der Anschlag auf einen Bus mit deutschen Soldaten auf dem Weg zum Flughafen in Erinnerung.
Unmittelbar im Zusammenhang mit den ISAF-Kontingenten steht das Einsatzgeschwader im Usbekischen Termez. Hier sind Transportmaschinen vom Typ Transall stationiert, die Soldaten, Nachschub und Ausrüstung nach Kabul transportieren.

einem Bombenanschlag erlitten hatte. +++ 24.09.2001 +++ Während Pakistan seine Diplomaten „aus Sicherheitsgründen" aus Afghanistan abzieht, ruft der mutmaßliche

Afghanischer Junge >\\7.FJgEinsKtgt KMNB ISAF_Kabul_CD1\Pamir 091.jpg

<\> >> die **ISAF** hat ihr hauptquartier in kabul, da sitzt ein general von irgendeiner nation, die die führungsfunktion hat, das ist auch eine finanzielle frage, weil die führungsfunktion kostet natürlich ein **haufen geld.** und die deutschen haben einen befehlshaber im einsatzland und der setzt die vorgaben des ISAF kommandeurs um und versucht mit seinen kräften an einem strick zu ziehen und so macht das jede nation. afghanistan ist aufgeteilt in verschiedene sektoren, wo dann jede nation für einen zuständig ist. die nationen haben ein **gemeinsames ziel** und setzen das nach den vorgaben des ISAF-kommandeurs und nach den politischen richtlinien des jeweiligen landes um. da gibts ein buch vom general dr. reinhard (der befehlshaber von KFOR von allen nationen). er hat in dem buch geschrieben, wie **machtlos** er eigentlich war als general, weil wenn er die truppe bewegen wollte, egal was er im sinn gehabt hat, die jeweiligen führer der einzelnen länder erstmal wieder zuhause nachfragen mußten, ob eigentlich das ziel, das verfolgt werden soll, politisch oppertun ist, ob das das jeweilige land will.

beim deutschen ist es nicht so krass, weil wir ja noch jung sind in dem geschäft, aber z.b. - meiner meinung nach - wenn eine nation einer gruppierung mehr zugetan ist als der anderen, dann merkt man das bei manchen in ihrer verhaltensweise im einsatz..... naja... ihre freundlichkeit zeigen sie dann teilweise auch in ihrer arbeit. und eigentlich sollte man, wenn man so irgendwo reingeht ja unparteiisch und unpolitisch sein, denn die haben ja irgendwo alle ihre teilschuld daran, dass es zu diesem konflikt gekommen ist und dann sollst du dich eigentlich zu keinem zugehörig fühlen......weil das gibt auch unruhe, wenn du eine ethnische minderheit oder gruppierung mehr unterstützt als die anderen, dann gibt das nur **böses blut.** wenn ein politiker von deutschland kommt, dann versucht er nicht nur ein warlord oder politischen führer einer ethnischen gruppe zu besuchen, sondern er grast zwei, drei ab, damit keiner ins hintertreffen kommt. ansonsten besteht die gefahr, dass andere wieder meinen, dass sie benachteiligt werden, bzw. die anderen bevorzugt werden, also das geht rasend schnell.........<<<>

Was ist ISAF, was macht sie?
International Security Assistance Force (ISAF) ist die Internationale Sicherheitsunterstützungstruppe in Afghanistan.

Die Aufstellung erfolgte auf Ersuchen der neuen afghanischen Regierung an die internationale Gemeinschaft und mit Genehmigung durch den Weltsicherheitsrat (Resolution 1386 vom 20. Dezember 2001). Der Einsatz ist somit keine UN-(Blauhelm)-Mission, sondern ein militärischer Einsatz unter Verantwortung der beteiligten Staaten, wobei der NATO eine Führungsrolle zukommt.
Das Mandat für die Beteiligung deutscher Soldaten am ISAF-Einsatz wurde am 22. Dezember 2001 erteilt.
Am 22. Dezember 2001 nahm die ISAF unter britischem Oberkommando ihre Arbeit in Kabul auf; die erste Amtshandlung war die Bewachung der Amtseinführung der Übergangsregierung. Der eigentliche Stationierungsvertrag zwischen der Übergangsregierung und dem damals leitenden General der ISAF wurde allerdings erst am 4. Januar 2002 geschlossen.

Derzeit stellt die Bundesrepublik Deutschland mit rund 2200 deutschen Soldaten das größte Truppenkontingent der ISAF. Bei einer Sondersitzung am 28.09.2005 beschlossen Bundestag und Kabinett mit großer Mehrheit die Ausweitung des Mandats, wodurch die Anzahl auf 3000 Soldatinnen und Soldaten erhöht sowie die Einsatzdauer um ein Jahr verlängert wurde (bis10.2006). Es ermöglicht deutschen Soldaten gleichfalls die Bewegung in Gesamt-Afghanistan, wenn dies für den Auftrag im Rahmen der ISAF-Operation notwendig ist. Seit Beginn des Einsatzes sind 18 deutsche Soldaten getötet worden, 11 davon durch Unfälle. Mit 5700 Soldaten wird Großbritannien voraussichtlich ab Juli 2006 das größte Kontingent der ISAF stellen.

Ziele, Aufbau und Struktur
Aufgabe der ISAF ist die Unterstützung der gewählten Regierung Afghanistans zu Herstellung und Aufrechterhaltung eines sicheren Umfeldes in Afghanistan. In erster Linie soll so der Wiederaufbau Afghanistans, die Etablierung demokratischer Strukturen und die Durchsetzungsfähigkeit der frei gewählten Zentralregierung vorangetrieben werden. ISAF ist damit vollständig vom Einsatz Enduring Freedom getrennt. Die ISAF darf im Rahmen der Erfüllung der Resolution 1386 des UN-Sicherheitsrats alle Mittel, auch Waffengewalt, anwenden. Die ISAF ist keine friedenssichernde Blauhelm-Truppe, sondern eine vom Sicherheitsrat genehmigte UN-Schutztruppe, die aus freiwillig gestellten Soldaten und Finanzen der beteiligten Staaten besteht. Das UN-Mandat wurde mehrfach erneuert, die letzte Erneuerung wurde durch die Resolution 1623 des UN-Sicherheitsrats vorgenommen, die das Mandat bis10.2006 ausdehnt. Nach Mandatierung und Aufstellung von ISAF im Dezember 2001 wurde ISAF jeweils von einer oder mehreren Nationen geführt. Am 9. August 2003 übernahm die NATO durch UN-Mandat die Verantwortung für Führung, Planung und Unterstützung der ISAF-Mission. Operationell wird ISAF durch das Allied Joint Force Command Headquarters Brunssum (JFC Brunssum) in den Niederlanden geführt. Die Führung von ISAF in Afghanistan wird seit Ende 2003 jeweils durch ein Hauptquartier der NATO sichergestellt.

Befugnisse der ISAF
Erstreckte sich das Operationsgebiet von ISAF zunächst nur auf Kabul und Umgebung, so wurde es schrittweise auf weitere Teile des Landes ausgedehnt. Seit10.2003 wurde durch einen Erweiterungplan der NATO, genehmigt durch den UN Sicherheitsrat, das Operationsgebiet auf die nördlichen Provinzen Afghanistans ausgedehnt. 2005 wurde durch die sogenannte Stage II auch Verantwortung für das westliche Afghanistan übernommen. Weiter Planungen sehen vor, das ISAF seinen Verantwortungsbereich durch Stage III in den immer noch unruhigen Süden des Landes im Laufe dieses Jahres ausdehnt. Hierfür soll ISAF von rund 9000 auf 16000 Soldaten aufwachsen.
Die ISAF Schutztruppe hat gegenüber der Zivilbevölkerung nur eingeschränkte Rechte. Sie darf auch bei kriminellen Akten innerhalb der Zivilbevölkerung nur den örtlichen Behörden als zusätzliche Hilfe zur Seite stehen. Grundlegend hat sie das Recht, sich bei Bedrohungen gegen Personal und Material zu verteidigen.

Der Auftrag lautet:
Unterstützung der vorläufigen Staatsorgane Afghanistans und ihrer Nachfolgeinstitutionen bei der Aufrechterhaltung der Sicherheit, so dass sowohl die afghanischen Staatsorgane als auch das Personal der Vereinten Nationen (inkl. ISAF) und anderes Zivilpersonal (insb. solches, das dem Wiederaufbau und humanitären Aufgaben nachgeht) in einem sicheren Umfeld arbeiten können, und Sicherheitsunterstützung bei der Wahrnehmung anderer Aufgaben in Unterstützung des Bonner Abkommens.
So steht es auf der Taschenkarte eines jeden ISAF-Soldaten.

Mitglieder
Im Rahmen der ISAF nehmen zur Zeit (Januar 2006) 36 Nationen (NATO- Staaten und Nicht-NATO-Staaten) mit rund 9000 Soldaten teil: Albanien, Aserbaidschan, Belgien, Bulgarien Dänemark, Deutschland, Estland, Finnland, Frankreich, Griechenland, Großbritannien, Irland, Island, Italien, Kanada, Kroatien, Lettland, Litauen, Luxemburg, Mazedonien, Neuseeland, Niederlande, Norwegen, Österreich, Polen, Portugal, Rumänien, Schweden, Schweiz, Slowakei, Slowenien, Spanien, Tschechische Republik, Türkei, Ungarn, USA.

Aktuelles
Am 22. März 2006 wurde in Kabul das Kommando über das deutsche Einsatzkontingent der ISAF in Afghanistan durch den Befehlshaber des Einsatzführungskommandos der Bundeswehr, Generalmajor Karlheinz Viereck, von Brigadegeneral Achim Lidsba an Brigadegeneral Christof Munzlinger übergeben.

Nach langer Diskussion wurde im Dezember 2003 der ISAF-Einsatz der Bundeswehr auf die Stadt Kunduz ausgedehnt.

Seit ca. 10. Juni 2004 wurden auch Diskussionen geführt, den Einsatz der Bundeswehr auf die Stadt und Provinz Feyzabad auszudehnen, personell bedeutete dies eine Aufstockung der Kontingente um ca. 150 Mann unter Teilnahme von niederländischen Einheiten.

Terroristenführer Osama bin Laden die Moslems in Pakistan zum Kampf gegen die „amerikanische Kreuzzugsstreitmacht" auf. In einer am Tag zuvor beim arabischen Satelliten-

Ankunft Helikopter CH53 mit der Antonow >\\\7. FlgEinsKtgt KMNB ISAF_Kabul_CD_1\09KIA und Luftumschlag\ankunft_CH5308.jpg

Die Antonow

Die An-124 „Ruslan", NATO-Code „Condor", ist derzeit das größte je produzierte Transportflugzeug der Welt und wird regulär in den Staaten der GUS vermehrt eingesetzt. Der Hauptbetreiber ist die Russische Luftwaffe mit Ihren Lufttransportgeschwadern. Nach der Antonov 225, von der allerdings nur weltweit ein Exemplar im Einsatz steht, ist die Antonov 124 das Fluggerät mit der zweitgrößten Zuladung weltweit. Bei diesen Transportflügen wird Material wie Transportpanzer Fuchs bis zur Dosensuppe, Mineralwasser, Zelte, Medizinische Ausrüstung, Fahrzeuge aller Art, Verbrauchsgüter für tausende Soldaten vom militärischen Teil des Köln-Bonner Flughafens Wahn über Baku (Tankstop) nach Kabul geflogen.

Technische Daten:

Spannweite 73,30 m, Rumpflänge 69,10 m, Höhe 20,78 m, max. Tankkapazität 348 250 Liter, Startgewicht 405 000, max. Nutzlast 150 000 kg, max. Reisegeschwindigkeit 865 km/h, Startrollstrecke 3000 m, Landerollstrecke 800 m, max. Flughöhe 12 000 m, max. Reichweite 16 499 km, Laderaumlänge 36,50 m Laderaumbreite 6,40 m, Laderaumhöhe 4,40 m, Triebwerke 4 x Lotarev D-18T, Besatzung 2 Piloten, 4 Flugingineure, 9 Beladeмannschaft.

Für die Bundeswehr ist die Antonov 124 in den Jahren 2002 und 2003 670 Missionen nach Afghanistan geflogen. Für eine Mission werden dem Bund ca. 250.000 US$ abgerechnet.

Moschee, Kabul >\\\7 FJgEinsKtgt_KMNB_ISAF_Kabul_CD2\18Moscheen\005.jpg

mein tagebuch

ISAF KMNB
1. einsatzkontingent
afghanistan

07.02.02

abholung 9:30 uhr durch stabsunteroffizier t. und gefreiter e. aufnahme oberleutnant k. in bad kreuznach um 12:00 uhr weiterfahrt nach mechernich in die bleibergkaserne. empfang norwegischer schlafsack und bristol. dann warten bis 21:30 uhr (von ca. 14:00 uhr). dabei kleiner umtrunk. der kommandeur traf ebenfalls ein – **lustige runde** – abfahrt 21.30 zum militärischen flughafen köln wahn. zuerst gab es komplikationen beim einchecken, da ein reisepass erforderlich wäre. zur verabschiedung traf auch hauptfeldwebel w. und hauptmann t. ein. im zuge der abfertigung wurde angesagt, dass die soldaten ohne reisepass nicht mitfliegen können. ich sah meine mission schon als beendet an und verabschiedete mich schon mal vorsorglich von unseren feldjägereinsatzkräften - im spaß - da ich annahm, dass auch wir ohne reisepass mitfliegen werden. so ereignete sich dies auch. ein aufruf erbrachte die meldung, dass alle soldaten mit oder ohne reisepass mit in den einsatz fliegen. so nun konnte auch ich einchecken. meine leeren magazine musste ich abgeben. so wie alle messer oder ähnliche gegenstände. im anschluss verabschiedeten wir uns von den teilen unserer kompanie und unserem kommandeur. in der neuen halle des flughafens - auch zelt genannt - warteten wir auf unseren abflug. dazwischen wurden mal wieder **salbende worte** an uns gebracht. wir sind die botschafter unseres landes, dank der guten ausbildung sind wir für diesen einsatz bestens gerüstet. wir sollen auch die gegebenheiten des landes berücksichtigen, jedoch wenn erforderlich uns das handeln der anderen nicht aufzwingen lassen, sondern wie erlernt durchgreifen. nach all dem **gesülze** betraten wir am 08.02.02 um 1:15 uhr endlich die maschine.

El Dschasira" in Katar eingegangenen und von Bin Laden unterzeichneten Erklärung heißt es: „Wir sind standhaft auf dem Pfad des Heiligen Krieges mit dem helden-

Anreise Termez >\\\privatarchiv_fuer_meinen_knuddel\anreise\DSC01334.jpg

gen afghanischen Volk unter der Führung von Mullah Mohammad Omar." +++ 25.09.2001 +++ Das Terrornetz Osama bin Ladens droht mit neuen Anschlägen. „Wo

08.02.02

der flug war gebucht richtung termez, usbekistan, geschätzte flugzeit 6 st. 15 min. nach dem start um 1:48 uhr lauschte ich noch den worten des flugkommandanten, der uns recht herzlich begrüßt und unter anderem bekannt gab, dass dies ein eingeschränkter radarflug wäre. danach bin ich wohl eingeschlafen, und erwachte wieder so um 5:00 uhr früh. dies war wohl passend, denn nun erloschen auch die zeichen für das rauchverbot in der maschine und ich genoss nach ca. 3 stunden **meine erste zigarette**. dass zuvor kleine häppchen serviert wurden bekam ich gar nicht mit. gegen 7:30 uhr wurde durch die crew ein ausreichendes frühstück serviert (zwei heiße würstchen, omlett, kaffee, marmelade, käse und wurst und zwei brötchen, sowie ein kornriegel). gegen 8:30 uhr setzten wir dann in termez zur landung an. so manch einem soldaten bekam das wohl nicht so, denn sie **entluden sich ihres frühstücks**.

<\>ich fand das irgendwie...
am flughafen hatten sie uns alle
taschenmesser und sonstige waffen
abgenommen......als dann das essen
serviert wurde, bekamen wir
dann wieder ein messer......<>

Anreise Termez >\\\privatarchiv_fuer_meinen_knuddel\anreise\DSC01304.jpg sich Amerikaner und Juden befinden, werden sie zum Ziel", erklärt der Militärchef der El-Kaida, Nasir Ahmed Mudschahed. Bin Laden selbst soll sich nach Erkenntnissen

... nach erfolgter landung um 8:33 uhr versuchte man die rolltreppe an unsere maschine heranzufahren und sie zu befestigen. dies nahm aber sehr viel zeit in anspruch. der flugkommandant nahm im anschluss das bordmikrofon und gab den weiteren ablauf bekannt. da wir die erste maschine mit deutschen soldaten waren, die in termez landete, gab es anfänglich noch schwierigkeiten. die zollabfertigung fand in der maschine statt. ein russischer militarist kontrollierte unsere truppenausweise und notierte sich die ausweisnummer. wir wurden in zwei gruppen à 50 soldaten zusammengefasst. der flugkommandant beteuerte abschließend, dass wir seinen anweisungen peinlich genau folgen sollten. vor der maschine an der treppe stand in einheimischer soldat mit **gezücktem schlagstock**, den er aber nach einigen minuten wieder halfterte. und im weiteren verlauf der maschine standen weitere einheimische soldaten mit geschulterten **kalaschnikows**. nach einigem hin und her wurden wir im fußmarsch mit gepäck begleitet durch die besagten einheimischen soldaten zu der ca. 500 m entfernt stehenden transall für den weiteren flug nach kabul gebracht. die dortige luftwaffenumschlagstaffel war erstaunt, dass wir unser gepäck samt waffen mitführen.
man gab an, dass sich die **verhandlungen auf regierungsebene** sehr schwierig gestalten um die deutsche nutzung des flughafens zum weiterflug nach kabul sicherzustellen. des weiteren wurde bekannt gegeben, dass unser gepäck - auch dieses für die ersten tage - nicht nachgeführt werden könne, da die anmeldung in termez nicht erfolgte.
man ging von der seite der luftwaffenumschlagstaffel davon aus, dass unser gepäck schon im vorlauf nach kabul gesandt wurde, doch leider war dies nicht so. so, nun standen wir da ohne waffen, schutzweste und nur ausgerüstet mit dem was wir am manne trugen. dies war teilweise sehr spärlich. das murren, das diesbezüglich durch die reihen ging, war verständlich. gegen 9:45 uhr starteten wir dann mit der transall nach kabul wo wir gegen 11:15 uhr landeten. während dem flug sowie vor dem flug auf der rolltreppe herrschte für die soldaten des einsatzkontingentes ISAF rauchverbot. die luftwaffenumschlagstaffel war von diesem jedoch augenscheinlich befreit.
nach der landung in kabul erfolgte dann die aufnahme. die **wichtigste angabe** war der status der betreffenden soldaten, da von seiten heeresführungskommando diese stärkemeldung abgefordert wurde. ja, kaum gelandet und die **bürokratie hat uns eingeholt.**

<\>die wollten halt
wissen, ob alle,
die sie losgeschickt
hatten auch
angekommen sind....<>

im anschluss wurden wir dann in einheimische busse mit einheimischen fahrern - gekleidet in landestypischer tracht - verfrachtet und warteten auf die verbringung zum lager camp warehouse. das umfeld stellte sich dar, wie in der vorausbildung eingespielt. **einheimische**, bewaffnet mit einer kalaschnikow, bestreiften das vorfeld des flughafens.
das bild, das sich uns bot, war nicht selbstverständlich für uns. der transport zum lager führten wir, wie bereits angeführt, ohne bristol und waffen durch. die **straßen** erschienen mir - im vergleich zu meinen bisherigen einsätzen - als sehr gut. im lager kamen wir gegen 13:00 uhr an. dort wurden wir von dem oberst p. begrüßt. in seiner ansprache gab er an, dass wir hier alle sehr begrüßt sind, dass die einheimischen sich zu 99 % über unser dasein freuen. die prozentangaben sind aber nicht bestätigt und können sehr **schwanken**. jedoch wenn man von 99 % ausgeht, stehen immer noch 1 % unserem auftrag feindselig gegenüber. 1 % bei einer kopfstärke von 1,5 mio. einwohnern in kabul sind dies immer noch 15.000. diesbezüglich sollte man sich nicht von dem **bild der ruhe** trügen lassen. des weiteren sei es typisch, dass die anschläge in der **winterzeit** sehr gering seien. im anschluss wurden wir dann von den feldjägern, die bereits vor ort waren zum kaffee eingeladen.

Provisorische Dusche im Camp >\\\afghanistan020514_1527\lagerimpressionen\16duschemod.jpg

Strasse in Kabul, >\\\7. FJgEinsKtgt KMNB ISAF_Kabul_CD_1\strasse1.jpg er Militärs derzeit in den Bergen von Kandahar im Süden Afghanistans aufhalten. Angeblich soll er auch über biologische und chemische Waffen verfügen und gedroht

... als hauptaufgabe wurde zunächst das fußballspiel kommende woche erwähnt. der aufbau des feldlagers ist noch lange nicht abgeschlossen.
gegen 19:30 uhr erhielten wir dann unsere waffen und sage und schreibe 15 schuss 9x19 für die pistole plus 30 schuss fürs sturmgewehr g36. da unser gepäck bisher noch nicht eingetroffen ist, mussten wir uns für die nacht vorbereiten, die sich auf ca. **15 grad minus** ankündigte. wir organisierten 4 norwegische schlafsäcke, die normalerweise aus zwei teilen bestehen, aussen- und innenteil. diesbezüglich konnten wir aus vier schlafsäcken acht machen. die bekleidung tauschten wir untereinander aus, da auch diese nicht eintraf.
so tauschte man eine **lange unterhose gegen einen schal** oder so. ja, zum abschluß konnten wir noch zwei **wärmende kleine heizgeräte** organisieren.
so belief sich unsere raumtemperatur auf 11,6 grad plus. dies war zum einen auf die belegung unserer unterkunft - auch **kühlschrank** genannt - 4 x 8 m belegt mit 10 feldjägern und auf die aufgestellten besagten heizgeräte zurückzuführen. die raumtemperatur wurde durch unseren feldwebel p. peinlich genau gemessen. die ansagen erfolgten sowohl mit dem stetigen vergleich der außentemperatur. hinsichtlich der anstrengenden anreise lagen wir alle gegen 20 uhr im bett. <\>aber das war ja kein bett eher auf dem fußboden<>
somit stellten wir in bezug der zeitumstellung keine nachhaltigen ereignisse auf unsere **körperliche substanz** fest.

<\>und wir hatten eine **einzige** zahnbürste, die ließen wir rumgehen im lager. und dazu eine abgeschnittene wasserflasche zum reinspucken, es gab ja kein waschbecken<>

10.02.02

am morgen danach gegen 7:00 uhr erwachten die ersten und es war zu deutsch **arschkalt** in unserem raum. unsere hauptaufgabe für den heutigen tag belief sich darauf, eine wärmende heizquelle für unseren raum zu organisieren. zuerst hatten wir ein feldheizgerät typ I organisiert. jedoch war der diesel zum betreiben aufgrund der geringen menge, der im feldlager zur verfügung stand (325 l in kanister) auf **sperrbestand** gesetzt. diese menge reicht gemäß den angaben hier noch zwei tage. danach erlischt hier alles, sofern kein **nachschub** aus deutschland kommt. nun beschlossen wir, das feldheizgerät mit holz zu befeuern. die verbringung des feldheizgerätes mit ca. 80 kg erwies sich zuerst als ziemlich schwierig, denn die entfernung zum materialtrupp bis zu unserem kühlschrank beläuft sich auf ca. 800 m. mit etwas freundlichkeit konnten wir jedoch einen hauptgefreiten überreden, uns das feldheizgerät bis zu unserer unterkunft mit seinem feldumschlagsgerät zu transportieren. nach anschluß des gerätes und abdichtung des ofenrohrs nach draußen erfolgte die erste **befeuerung**. diesbezüglich qualmte unsere unterkunft kurzfristig sehr stark ein. dies normalisierte sich aber sehr bald.

da das holz hier in diesem lande sehr rar ist, organisierten wir alle jetzt bei jeder gelegenheit das kostbare gut überall und immer. so kann es sein, dass man mühsam kleinste holzstückchen sammelte oder riesige latten heranschleift und sie in **mühsamer handarbeit** auf ofengröße verkleinerte. hinsichtlich unserer guten beziehung zum materialtrupp ist das organisieren lebenswichtiger dinge kein problem. nach freundlicher vorsprache konnten wir auch unseren munitionsbestand erhöhen. die versprochenen zelte (69 to), die heute angeliefert werden sollten, trafen nicht ein. der erwartete treibstoff blieb ebenso aus. dafür wurden **800 kg kaffee** und einige liter wasser angeliefert, die angeblich keiner bestellt hatte. zum glück traf ein teil unseres gepäcks ein. somit sind wir alle im besitz unserer schlafsäcke und unserer ausrüstung im einsatzland.

im Falle eines Angriffs der Amerikaner seinen „auf der ganzen Welt verteilten 2.000 Kämpfern" den Befehl für den Einsatz chemisch-biologischer Kampfstoffe zu geben.

heute ereignete sich auch der erste **zwischenfall**. ein major wollte einen kanister diesel beim materialtrupp empfangen. da der diesel aber auf sperrbestand gesetzt wurde, konnte ihm keiner ausgehändigt werden.
bezüglich dieser tatsache nahm der besagte major den stabsunteroffizier des materialtrupps vorläufig fest. der major soll zur durchführung seines befehls an seine **waffe** gegriffen haben.

<\>das darf er nicht das ist nicht erlaubt, befehle mit waffengewalt durchzusetzen. der drehte halt durch, er fror ja auch...<>

diese begebenheit machte sehr schnell die gesprächsrunde im lager.

im laufe des tages wurden wir durch den oberleutnant s. (feldjäger) in die auftragslage ISAF eingewiesen. manches ist für mich nicht verständlich.
so zum beispiel betreibt hier immer noch die nordallianz ab 22:00 uhr bis 3:00 uhr ihre checkpoints, die da bestehende **sperrzeit** soll selbst für die ISAF bindend sein indem sie sich den kontrollen zu dieser zeit unterwerfen muß. hat man das besagte **kennwort** für diese nacht nicht, wenn man in eine solche kontrolle gerät, muß man sich mit viel **verhandlungsgeschick** den weg erkaufen. dabei sei es normal, dass man in die mündung einer kaschi <\>kalaschnikow<> blickt und am anderen ende manchmal sogar **kinder** stehen. den briten soll diese woche auch **angeboten** worden sein, an islamischem recht teil zu haben - hier bestrafung eines diebes - die „sharia" sieht hier das **abhacken der hand** vor. die befehlslage für uns ist hier - sofern wir eine solche richtung **erblicken** sollten - diese versuchen **aufzuschieben** und die regierungstruppen <\>einheimische polizei<> zu **verständigen**, die dieses **unterbinden** sollen.

ja, alles nicht so einfach und viele handlungen der hiesigen polizei **widersprechen** dem **erlaubten** und dem abkommen aus meiner sicht. derzeit laufen auch die vorbereitungen für nächste woche anläßlich des besuches der bundesminister der verteidigung. manche stimmen behaupten auch, dass die auftragserfüllung von ISAF durch einheimische kräfte unterbunden werden soll. manche sprechen von massiven truppenansammlungen die gegen ISAF gerichtet sind. in einem mag ich auch **zweifeln** z.b. an der eventuellen **evakuierung** im gewissen fall, denn wenn man die **kapazitäten** hierfür betrachtet, sei es die kfz-lage oder die anzahl der luftbeweglichen möglichkeiten - derzeit nicht vorhanden -, kann man schon ins **grübeln** kommen, doch ich selbst glaube, dass dieser fall nicht eintreten wird, denn solange die **geldmittel** fließen, wird ISAF hier noch ordentlich **abgeschöpft**. man schlachtet doch nicht die kuh von der man versorgt wird. geschichten gabs und wirds immer geben. die freizügigkeit soll auch sehr bemessen sein, z.b. wenn es sich eine frau erlaubt, sich tagsüber ohne burka in der öffentlichkeit zu zeigen, soll sie immer noch in ihre schranken verwiesen werden und das mit aller deutlichkeit.

so, nun beende ich diesen tag und ziehe mich in meinen schlafsack zurück. nach lokaler zeit ist es jetzt 22:16 uhr. morgen haben wir unsere erkundung vor uns für unser fußballspiel.

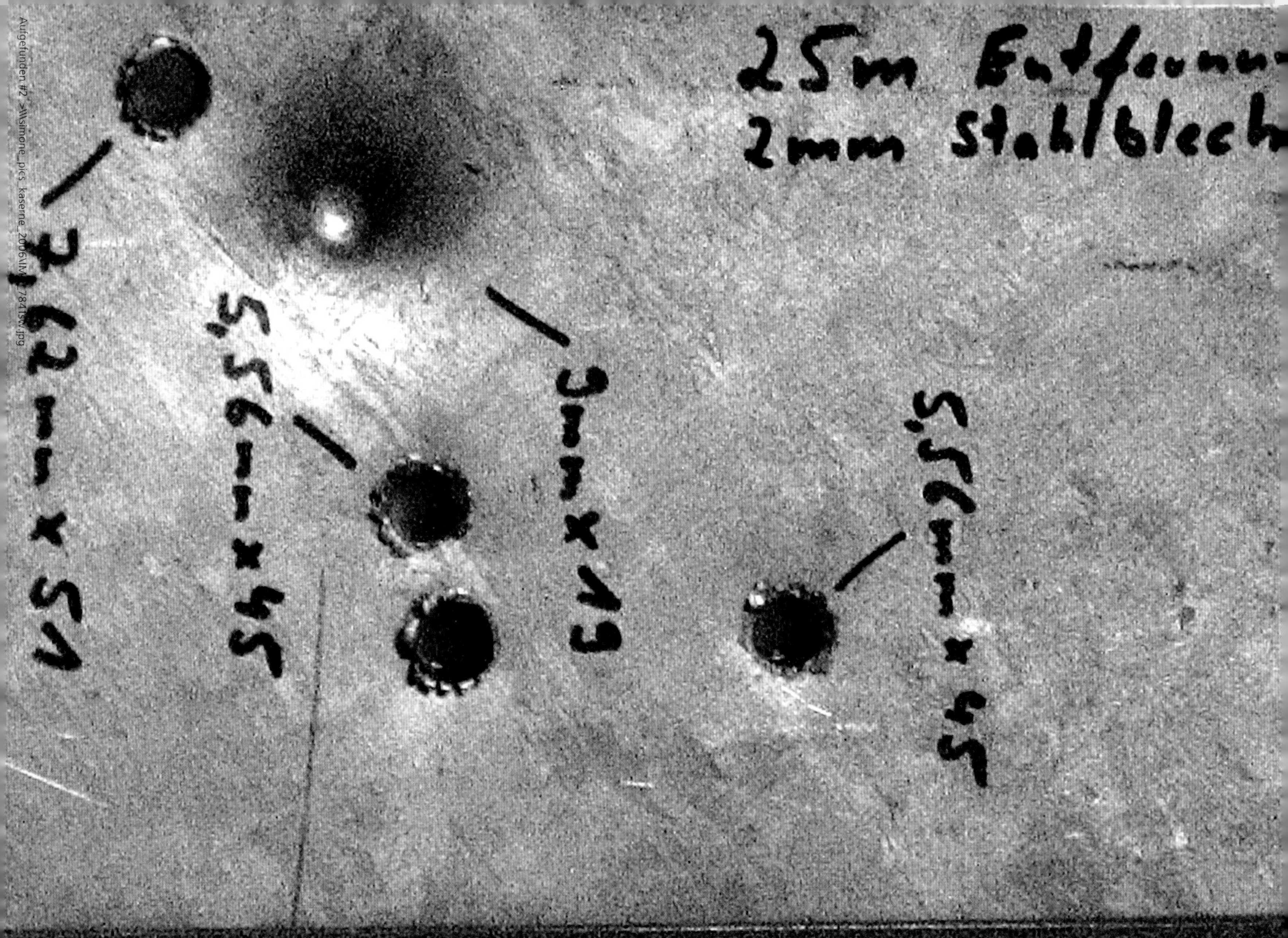

Aufgefunden #2 >\\simone_pics_kaserne_2006\IMG_7841sw.jpg

+++ 26.09.2001 +++ Mehrere tausend Taliban-Anhänger demonstrieren in Kabul gegen die USA, stürmen dann das Gelände der seit zwölf Jahren verlassenen US-Botschaft und

Wie nahe uns
das Gute und
das Böse geht,
das uns begegnet,
hängt nicht von
dessen Ausmaß
ab, sondern
von unserer
Empfindsamkeit.

Meilenstein 2002 >\\\afghanistan sonstige\\HBFHartl\\12meilenstein.jpg

26.09.2001 +++ Mehrere tausend Taliban-Anhänger demonstrieren in Kabul gegen die USA, stürmen dann das Gelände der seit zwölf Jahren verlassenen US-Botschaft und

11.02.02

die nacht vom 10.02. auf den 11.02 war hinsichtlich unseres heizgerätes **angenehm**. wir mußten zwar insgesamt 3 mal holz nachholen, um die wärme zu erhalten, aber dies nimmt man gerne in kauf. unsere unterkunft ist zwar sehr beengt, in der einen ecke haben wir das holz gestapelt, das wir stetig mühsam organisieren.

heute nacht befanden sich 23 kontrollpunkte auf der straße vor unserem lager, vermutlich durch die nordallianz eingerichtet. übergriffe haben angeblich auch wieder stattgefunden.
einige einheimische wurden mal wieder **verschleppt**.

des weiteren fand man an unserem ort der bedürfnisse <\>toilette, das war einfach rohr im boden vergraben<> eine **20 mm granate**. es wirkt hier auf keinen bestürzend, dass wir die örtlichkeit seit einigen tagen **unbedarft** aufsuchten.

der ortstermin im stadion erbrachte ebenfalls neue eindrücke. das stadion ansich war angeblich noch vor einigen wochen als **hinrichtungsstätte** genutzt worden. der platz gleicht einem acker, der mit einer walze planiert wurde. die laufstrecke ist betoniert. am eingang hingen die olympiaderinge. während der ortsbegehung war auch das afghanische olympische komitee zugegen. der eingang wurde von lokalen bewaffneten mit einer kaschi abgesichert. etwaige spuren auf greueltaten konnte ich augenscheinlich keine erkennen. in kurzer zeit waren unsere kfz mit einer menschentraube belagert. die menschen hier sitzen an der straße, eingehüllt in ihre decken mit **finsterem blick** und beobachten das geschehen. prozentual gewertet sind es überwiegend männliche personen.

soeben (13:00 uhr) gab es zwei heftige **detonationen**, die glasscheibe hinter mir vibrierte heftig, hielt jedoch stand, aber dies ist hier **normal**, es wird auch ohne besondere aufmerksamkeit von uns hingenommen.

Checkpoint >\\\afghanistan sonstige\19.Februar2002_4Checkpoint.JPG

12.02.02

bisher kam ich nicht dazu einige punkte aufzuschreiben.
am 10.02.02 konnte ich das erste mal **zuhause** anrufen. hinsichtlich des besuchs des bmvg am 12.02.02 fuhr ich mit noch zwei weiteren feldjägern eine erkundung. dabei begleitete uns der polizeichef mit sitz in kabul oberst dastagir. für den einsatz am 12.02.02 „scharping" setzte er 300 polizisten ein. ISAF erklärte sich bereit, die eingesetzten lokalen polizisten zu verpflegen. diesbezüglich erhielt der oberst dastagier 150 us-dollar von ISAF. inwieweit seine männer die verpflegung erhielten ist jedoch **fraglich**. in höhe der iranischen botschaft waren die zufahrts-straßen durch die lokalen polizisten geperrt, jedoch durften wir passieren, da dies durch den oberst angeordnet wurde.
die hiesige polizei ist gekleidet mit einem braunen mantel. als kopfbedeckung tragen sie einen weißen helm russischer typ mit der aufschrift „police". ihr schuhwerk meist turnschuhe (alle hersteller) oder vereinzelt kampfstiefel ähnlich unserer alten knobelbecher. ihre bewaffnung ist sehr unterschiedlich. sie reicht hin bis zur panzerfaust „prg3". ihre haltung ist jedoch sehr **diszipliniert**. das bild, das sich ergibt lässt auch eine starke **leidensfähigkeit** erkennen.
teilweise kommt es vor, dass wir mit steinen oder **schneebällen** beworfen werden. dies war auch der fall an dem heutigen tag auf der zufahrts-straße zum flughafen kabul. nach dem vorfall hielten wir an, der oberst drohte dem anwohner, wenn sich dieser vorfall nochmals ereignet, werde er alle geschäfte entlang der straße schließen lassen.

der dolmetscher erklärte mir einige **hintergründe** über sein land. vieles war zu geschichtsreich um es auf anhieb zu verstehen. auf meine frage welche person auf den plakaten in der stadt sowie als aufkleber in sehr vielen autos angebracht ist, antwortete er wie folgt:
bei der person handelt es sich um „massud", der am 02.09.02 infolge eines attentats zu tode kam. das attentat wurde durch einen **sprengstoffan-schlag** durchgeführt - pressekonferenz: der sprengstoff war in einer kamera versteckt - massud war in 11 bezirken von afghanistan angesiedelt. er plünderte die anderen bezirke aus. dabei arbeitete er sehr stark mit russischer unterstützung. diese unterstützung sowie die plünderer war den anderen ein **dorn im auge**, diesbezüglich hat man sich ihm **entledigt**.

im rahmen des besuches des verteidigungsministers scharping war ich eingesetzt als fahrer des gepanzerten kfz für general x., inspekteur heer und general b. befehlshaber division special operation.

wäre es nicht stark genug, um uns zu besiegen", sagt er dem US-Sender „Voice of America". +++ 30.09.2001 +++ Der frühere afghanische König Mohammad Zahir Schah stellt

Afghanisches Gefängnis >\\Afghanistan sonstige\GefangeneP7180129.JPG

die übertragungen und gespräche die geführt wurden, machten

mich schon sehr **nachdenklich**.

mein job erlaubt es mir nicht mit anderen drüber zu reden,

aber keiner kann es mir untersagen,

meine gefühle in meinem tagebuch **festzuhalten**...................

am ende des 12.02.02 erhielten wir endlich

unser zelt, das wir nun zu zehnt teilen.

محمد رسول الله والذين معه اشداء على الكفار رحماء بينهم

„Mohammed ist der Gesandte Gottes" >\\\7.FJgEinsKtgt_KMNB_ISAF_Kabul_CD2\18moscheen\pamir 019.jpg sich im Kampf gegen den Terrorismus auf die Seite der USA. Zu einer Delegation des US-Kongresses sagt der im Exil nahe Rom lebende 86-Jährige: „Wir führen einen gemein-

1. Sure Al-Fatihah, Eröffnungssure
Im Namen Allahs, des sich Erbarmenden, des Barmherzigen. Preis sei Allah, dem Herrn der Welten. Dem sich Erbarmenden, dem Barmherzigen. Dem Herrscher am Tage des Gerichts. Dir allein dienen wir und Dich allein bitten wir um Hilfe. Führe uns den geraden Weg. Den Weg derer, denen Du Gnade erwiesen hast, die nicht (Deinem) Zorn verfallen sind und die nicht irregehen.

Vater unser
Vater Unser, der Du bist im Himmel. Geheiligt werde Dein Name. Dein Reich komme. Dein Wille geschehe. Wie im Himmel so auch auf Erden. Unser tägliches Brot gib uns heute. Und vergib uns unsere Schuld, wie auch wir vergeben unseren Schuldigern. Und führe uns nicht in Versuchung, sondern erlöse uns von dem Bösen. Denn Dein ist das Reich und die Kraft und die Herrlichkeit in Ewigkeit. Amen.

Religion
Über 99 % der Bevölkerung sind Muslime, davon etwa vier Fünftel meist hanafitische Sunniten und ein Fünftel imamitische Schiiten. Daneben gibt es noch etwa 20.000 Hindus, einige wenige hundert Sikhs und einen letzten Juden (siehe Bucharische Juden) namens Zablon Simintov in Kabul.

Der Islam wird je nach ethnischer Gruppe, nach Region und/oder nach Bildungsstand unterschiedlich verstanden und interpretiert. Eine wichtige Rolle spielen bis heute die vorislamischen Bräuche der Bevölkerung, wie z.B. das altiranische Neujahr (Nowroz) nach dem iranischen Kalender oder der Glaube an segenbringenden Weihrauch (Espand); beides zoroastrische Bräuche.

Islam in Afghanistan
Der Islam in Afghanistan ist über die Jahrhunderte von den Afghanen sehr konservativ ausgelegt worden, wobei das Stammesrecht der Paschtunen eine Rolle gespielt hat. Vor allem in Städten und größeren Orten gehen Frauen meist nur mit Ganzschleier (Burka) aus dem Haus. Allerdings wurde sie nur in größeren Städten allgemein üblich. Auf dem Land war die Burka nicht allgemein üblich, da sie etwa bei der Feldarbeit hinderlich ist.

Die Taliban verpflichteten Mitte der 90er Jahre alle Frauen zum Tragen einer Burka. Bei den Tadschiken und den anderen Volksgruppen war diese Tradition bis dahin nicht weit verbreitet. Die Burka-Pflicht wurde 2001 offiziell wieder aufgehoben, aber die Burka bleibt weiterhin die gewöhnliche Kleidung für Frauen. Einzig in Kabul gibt es Orte, an denen sich Frauen unverschleiert zeigen dürfen (z.B ein Frauenpark in Kabul).

Nur wenigen Frauen ist es erlaubt, sich ohne männliche Begleitung in der Öffentlichkeit zu bewegen. Übergriffe gegen Frauen sind in Kabul und anderen größeren Städten nicht selten – obwohl die Lage zumindest hier durch ausländische Truppenpräsenz einigermaßen stabil ist.

Unter den Taliban war Frauen die Berufstätigkeit verboten. Da es durch den Krieg allein in Kabul etwa 30.000 Witwen gab, waren diese völlig auf sich allein gestellt. Vielen blieb nichts anderes übrig, als zu betteln. www.wikipedia.de

Camp Warehouse >\\\Kontingent KMNBIII Kabul_Teil2\120Heeresflieger\PB220049.JPG

Kampf gegen den Terrorismus". Der Leiter der US-Abordnung, der republikanische Abgeordnete Curt Weldon, bezeichnet den Ex-Monarchen als entscheidende Figur,

13.02.02

heute waren wir nur im lager. wir bauten einen gewehrständer für unsere 10 gewehre und richteten unser zelt ein. des weiteren halfen wir beim aufbau weiterer zelte.
heute gab es zum ersten mal obst nach 6 tagen...
je soldat eine banane.

gegen 17:30 uhr habe ich zuhause angerufen. zum glück war alles in ordnung, obwohl ich dies nicht so recht glauben kann, da mein knudel am telefon irgendwie verstimmt klang.
ja, sie hat es schon **schwer**, aber sie wird es schon schaffen.

Heidi am Fenster ≥\\privatarchiv\zuhause\heidi0032sw.jpg

Opposition gegen die herrschenden radikalislamischen Taliban hinter sich versammeln könne. +++ 03.10.2001 +++ Obwohl die NATO erstmals seit ihrer

14.02.02

vorbereitungen für das fußballspiel ISAF gegen kabul united am 15.02.02. im rahmen der hilfe und zusammenarbeit und zur förderung des vertrauens gegenüber der afghanischen bevölkerung findet am 15.02.02 ein fußballspiel einer ISAF-auswahl gegen eine auswahlmannschaft kabuls im olympiastadion statt. einsatzkontingent ISAF hat den auftrag in zusammenarbeit mit den afghanischen behörden polizei die absicherung sicherzustellen. die **bedrohung** wird gemäß befehlslage befehl nr. 1 kommandeur deutsche einsatzbrigade vom 13.02.02 als **gering** eingestuft. es ist unter umständen mit einzeltätern <\>selbstmordattentaten sprengstoff oder handgranaten<> oder mit anschlägen gegen einzelne personen der **interimsregierung** zu rechnen. ziel dieser aktionen könnte es sein, der bevölkerung zu zeigen, dass ISAF kein sicherheitsfaktor darstellt und nicht einmal in der lage ist, ein fußballspiel abzusichern. die rechtsverstöße <\>ausschreitungen durch die afghanische bevölkerung<> zu ahnden oblag ausschließlich den afghanischen sicherheitsbehörden. sollte die lage eskalieren für die eingesetzten kräfte der ISAF und eine evakuierung der **vip's** notwendig sein, dürften wir ebenfalls einschreiten oder wenn uns die afghanischen behörden um unterstützung baten. der einsatz von demonstrationsschildern, schlagstöcken und diensthunden <\>das sind die, die beißen<> stehen unter **führungsvorbehalt** kommandeur deutscher einsatzkräfte.

Vorbereiten Essen mit Michael >\\\privatarchiv\fuer_meinen_knuddel\DSC01872mod.jpg

... heute haben wir erfahren, dass unser gepäck seit 09.02.02 schon auf einem lkw-anhänger im lager stand. diese kenntnis erlangten wir über hauptmann a. von der verkehrsführung, der auf unsere anfrage nachgeforscht hat.
im laufe des tages bauten wir einen zeltvorplatz. die front schichteten wir mit sandsäcken auf. dies ist zu einem eine **augenscheinliche verschönerung**, und zugleich auch ein **schutz für uns** für etwaigen beschuss oder gegen splitterwirkung durch explodierende mörsergranaten, die sich noch zuhauf im lager befinden.

nach abschluß unserer arbeit **vernahmen wir einen knall**. ca. 20 m von unserem zelt entfernt. die in der nähe befindlichen briten gingen in stellung <\>haben sich auf den boden geworfen<> und nahmen ihre waffen in anschlag. bezüglich dieser tatsache konnten wir gleich unsere **sandwand taufen**, da wir selbst für einige zeit bis die lage geklärt war, mit unseren waffen in stellung gingen.

ündung am Tag zuvor den Bündnisfall ausgerufen hat, verweigern die Taliban weiterhin eine Auslieferung Bin Ladens an die USA und fordern Beweise für dessen Schuld. +++

im laufe des tages nahm ich noch an einer besprechung

für den besuch des bm fischer am 17.02.02 teil.

herr m. vom auswärtigen amt führte die besprechung an.

auch die personenschützer des bka nahmen ebenfalls teil,

sowie der geschäftsführer der deutschen botschaft.

<\> der m. hat sich echauffiert über mich,

weil ich so gestunken hab...

stell dir vor, deutsche botschaft, perserteppiche,

und ich im versifften anzug

durch die arbeit vom ganzen tag

aber durch das erlebte war mir das scheiß egal

und es gab keine zeit zum duschen....<>

Besuch Fischer >\\\afghanistan020514_1527\besuch_fischer\IMG_112-1257.jpg

Aufgefunden #1 >\\\simone_pics_kaserne_2006\IMG_7884sw.jpg

Kehrtwende für die Bundeswehr?
Die Wahlaussagen der beiden großen Parteien
von Dr. Karl-Heinz Harenberg

Es war nicht nur auffällig, es war auch beunruhigend. Als die Kanzlerkandidatin der CDU/CSU, Angela Merkel, gemeinsam mit ihrem Partner und Konkurrenten Edmund Stoiber von der kleinen Schwesterpartei das Wahlprogramm der Union vorstellte, hatten die Mitglieder der Bundespressekonferenz zwar viele Fragen, aber keine - keine einzige zum Thema Außen- und Sicherheitspolitik. Dieses Desinteresse ist darum so unverständlich, weil die zukünftige Gestaltung unserer Sicherheit das Schicksal Deutschlands vielleicht nachdrücklicher prägen wird als die Anhebung der Mehrwertsteuer oder die mögliche Rolle Edmund Stoibers in Berlin.

Als Erklärung für diese Ignoranz wird häufig angeführt, die sicherheitspolitischen Vorstellungen der beiden grossen Bundestagsparteien, CDU und SPD, hätten sich schon in den vergangenen Jahren kaum unterschieden. So seien alle wichtigen Entscheidungen über die Auslandseinsätze der Bundeswehr in weitgehender Übereinstimmung getroffen worden. Auch bei der Wehrform - der Frage Wehrpflicht- oder Berufsarmee - seien sich zumindest die führenden Politiker von SPD und CDU/CSU einig: trotz aller Widersprüche wollen sie an der Wehrpflicht festhalten. Und selbst beim möglichen Einsatz der Bundeswehr in Deutschland gäbe es mehr Übereinstimmung als auf den ersten Blick erkennbar. Denn die rot-grüne Koalition habe durch die Änderung des Luftsicherheitsgesetzes den ersten Schritt zum militärischen Antiterrorkampf in Deutschland bereits vollzogen. Und dass diesem Schritt weitere folgen sollen, steht zwar nicht im Wahlmanifest der SPD, dafür aber umso deutlicher in den Verteidigungspolitischen Richtlinien der amtierenden Bundesregierung; dort heißt es unter anderem: die gewachsene Bedrohung durch terroristische Angriffe stelle „zusätzliche Anforderungen an die Bundeswehr bei der Aufgabenwahrnehmung im Inland". CDU/CSU müssen vergleichbare Pläne darum in ihrem Wahlprogramm gar nicht erst ausführen. Im übrigen hat die CDU/CSU-Bundestagsfraktion schon Anfang vergangenen Jahres eine Grundgesetzänderung beantragt, um einen Einsatz der Bundeswehr im Inneren über die Grenzen der Notstandsgesetze hinaus zu legitimieren.

Zwar lehnt die FDP, der mögliche Koalitionspartner in einer unionsgeführten Bundesregierung, die Militarisierung der inneren Sicherheit zur Zeit noch strikt ab; aber wie es um die Standfestigkeit kleinerer Parteien in einem Regierungsbündnis bestellt ist, haben die Grünen in den zurückliegenden sieben Jahren ja auf das Peinlichste vorgeführt.

Ist also nach einem Wahlsieg von CDU/CSU damit zu rechnen, dass zum Beispiel die Stadien bei der Fußballweltmeisterschaft im nächsten Jahr von LEOPARD-Panzern der Bundeswehr bewacht werden? Der Widersinn einer solchen Entwicklung wird gleich durch drei Umstände deutlich: Erstens, dass weder die Anschläge 2001 in New York, im vergangenen Jahr in Madrid oder jetzt in London durch einen Einsatz von Militär hätten verhindert werden können. Zweitens, dass alle Experten in Deutschland immer wieder darauf verweisen, dass deutsche Soldaten bei ihren Auslandseinsätzen schon jetzt Polizeiaufgaben wahrnehmen müssten, für die sie weder ausgebildet noch ausgerüstet seien. Und drittens, dass die deutschen Polizeien von den drastischen Sparmaßnahmen in Bund und Ländern nicht ausgenommen werden, obwohl sie in jedem Falle die Hauptlast bei der Verhinderung und Bekämpfung auch der neuen Bedrohungen zu tragen haben.

Doch allen Widersprüchen zum Trotz: Die Außen- und Sicherheitspolitik spielt in der öffentlichen Debatte eine untergeordnete Rolle. Das gilt auch bei der Frage, was die großen Parteien, wenn sie denn an die Macht kommen, mit der Bundeswehr sonst noch vorhaben. Die SPD nimmt dazu in ihrem Wahlmanifest kein Blatt vor den Mund. Warum auch, demonstriert sie doch schon seit Jahren, dass für sie kein Einsatzgebiet zu weit keine Aufgabe zu abstrus ist, um sie deutschen Soldaten zuzumuten. Dabei macht sie in ihrem Manifest kein Hehl daraus, dass für sie nicht das Gewaltmonopol der Vereinten Nationen über den Einsatz deutscher Soldaten entscheidet, sondern allein das Gutdünken deutscher Politiker: „Wir sagen dort Nein, wo wir nicht vom Einsatz militärischer Mittel überzeugt sind," heißt es im SPD-Wahlprogramm wörtlich, „auch das ist Ausdruck und Folge außenpolitischen Selbstbewusstseins." Eine Selbstü-

Wahlkampfthema Bundeswehr
Wohin marschiert die Truppe?

Wehrpflicht oder Berufsarmee, Militärmissionen mit oder ohne UN-Mandat - die Zukunft der Bundeswehr ist ein heißes Eisen.
Deutsche Soldaten sind inzwischen bereits weltweit im Einsatz: Afghanistan, Kosovo, Sudan, und wenn es nach der Union geht, sollen sie auch zur Terrorabwehr im Inneren eingesetzt werden.
Die Bundeswehr ist schon lange mehr als eine reine Verteidigungsarmee. Ihr Einsatzgebiet ist der ganze Globus. Knapp 6500 Männer und Frauen sind zur Zeit im Auslandseinsatz, die Tendenz ist eher steigend.

„Die deutsche Sicherheit wird auch am Hindukusch verteidigt", diese zunächst so umstrittene These von Verteidigungsminister Peter Struck hat die SPD inzwischen verdaut. Weitere Militärmissionen sind nicht ausgeschlossen, wenn sie denn humanitär begründet sind.
Die Grünen sehen sich zwar nach wie vor als Pazifisten. Militäreinsätze, um neue Gewalt zu verhüten oder den Frieden zu bewahren, haben sie jedoch seit dem Kosovo-Krieg akzeptiert. Allerdings pochen sie dabei auf ein UN-Mandat, und auch die FDP kann sich keine deutschen Alleingänge vorstellen.
Die Union hat die Auslandseinsätze der Bundeswehr bisher mitgetragen und will diese Politik nach einem Wahlsieg nicht grundsätzlich ändern. Anders dagegen beim Thema Terrorabwehr - hier wollen CDU und CSU deutsche Truppen auch im Inneren einsetzen. Die Begründung: Was die Bundeswehrsoldaten in Afghanistan und im Kosovo leisten, müsse auch in Deutschland möglich sein. „Kommt nicht in Frage", heißt es dagegen bei Rot-Grün: Die Bundeswehr schützt uns nach Außen, die Polizei im Inneren, dabei soll es bleiben.
Und auch die FDP will die Bundeswehr auf keinen Fall zu einer Art Heimatschutzarmee umfunktionieren, sondern plant stattdessen eine drastische Verkleinerung der Truppe und das Ende der Wehrpflicht. Die Bundeswehr sollte nach Ansicht der Liberalen eine reine Berufsarmee werden, auch weil der heutige Zwangsdienst ungerecht ist. Das sehen auch die Grünen so, weil die Wehrgerechtigkeit schon lange auf der Strecke geblieben ist. Nur noch jeder Dritte eines Jahrsgangs wird einberufen, deshalb wollen die Grünen aus der Truppe ebenfalls eine Armee der Freiwilligen machen.
Felsenfest hinter der Wehrpflicht stehen dagegen die Union und Teile der SPD, darunter - natürlich: der Verteidigungsminister und der Bundeskanzler. Im Wahlmanifest der SPD allerdings findet sich zur Wehrpflicht keine klare Festlegung. Eigentlich hätte ein Parteitag im Herbst darüber entscheiden sollen - vor der geplanten Neuwahl aber wird die Partei dieses heiße Eisen sicher nicht mehr anfassen.
www.tagesschau.de 29.08.2005 12:11 Uhr

berschätzung, die noch fatale Konsequenzen haben kann.
CDU/CSU halten sich auch bei dem Thema „Bundeswehr-Einsätze" auffallend zurück, so wie sie bei konkreten Angaben über ihre sicherheitspolitischen Vorstellungen und ihre Bundeswehrpläne ohnehin geizen. Trotz der „knappen finanziellen Mittel" wollen sie „die Effizienz der Bundeswehr" steigern; wie sie das anstellen werden, zumal der Umfang der Armee wieder auf 300.000 Soldaten aufgestockt werden soll, wird im Wahlprogramm nicht verraten. Weiterhin wollen sie „unsere Sicherheit nicht nur in entfernten Regionen und am Hindukusch verteidigen, sondern die Balance zu den nach wie vor elementaren Aufgaben der Landesverteidigung wieder herstellen". Dass diese Aufgaben auch Feinde voraussetzen, bleibt natürlich unerwähnt. Sodann wollen CDU/CSU „die transatlantische Zusammenarbeit mit den USA neu beleben", andererseits einen Herzenswunsch in Washington - nämlich die Aufnahme der Türkei in die EU - aber schnöde zurückweisen. Ein Widerspruch, der ebenfalls nicht geklärt wird.
Nur in Sachen Wehrpflicht bekennen CDU/CSU Farbe: „Die Wehrpflicht," heißt es in ihrem Wahlprogramm, „stärkt den Rückhalt der Bundeswehr bei den Bürgern, erleichtert die Gewinnung qualifizierten Nachwuchses und stellt Aufwuchsfähigkeit in Krisenzeiten sicher." Diese ungewohnt wortreiche Erklärung hat nur einen entscheidenden Nachteil: Sie nennt genau die Aspekte, aufgrund derer die Wehrpflicht durch das Grundgesetz nicht gedeckt wird. Darüber sind sich die zahlreichen Wehrexperten in den Unionsparteien natürlich im klaren. Und ein über die Parteigrenzen hinaus respektiertes prominentes Mitglied der Union, der ehemalige Bundesverfassungsrichter Roman Herzog, hat den Politikern schon vor Jahren ins Stammbuch geschrieben, dass der Erhalt der Wehrpflicht, ohne aus Gründen der Landesverteidigung zwingend nötig zu sein, ein missbräuchlicher Eingriff in die Lebensplanung junger Männer ist. Politische Konsequenzen hatte das weder bei der amtierenden, noch wird es sie bei einer möglichen CDU-geführten Bundesregierung haben. Und die angeblichen Korrektive, die Koalitionspartner? Ob sie nun grün sind oder demnächst vielleicht gelb: Wenn es um die Beteiligung an der Macht geht verzichten sie schnell auf ihre guten Vorsätze und werden zu farblosen Mitläufern. www.bits.de
Gastbeitrag aus Streitkräfte und Strategien - NDR info 16. Juli 2005
Dr. Karl-Heinz Harenberg ist Journalist. Über Jahrzehnte war er für die Hörfunk-Sendung "Streitkräfte und Strategien" beim NDR zuständig, das einzige sicherheitspolitische Hörfunkmagazin Deutschlands.

04.10.2001 +++ US-Präsident George W. Bush kündigt weitere 320 Millionen Dollar humanitäre Hilfe für die notleidende afghanische Bevölkerung an. +++ 06.10.2001 +++

Es ist nicht alles so wie es scheint... >\\\afghanistan sonstige\053.jpg

Frieden zu sichern.
sters sahen sie hilf-

osmopolit mit dem
Hände klammern
Paschtunenmantels
Interimspräsident
egen. Dies ist ein
r kurzen Amtszeit.
or Abdul Rahman,
art und Tourismus,
al getötet wurde -
lspiel zwischen der
und einer Kabuler
er Einheit" sollte es
und der Völkerver-

Karsai lässt sich knapp 24 Stunden nicht blicken; auch das Fußballspiel mit der ISAF findet ohne ihn, den Ehrengast, statt. Dann beruft der Interimspräsident eine Pressekonferenz. „Die Tat war geplant", sagt er. Und ein Sprecher des Informationsministeriums erklärt: In das Verbrechen seien sechs Leute aus dem Umkreis der Streitkräfte und der Geheimdienste verstrickt. Karsai: „Es war eine private Abrechnung, kein politischer Mord."

Wurde im Getümmel am Flughafen eine Fehde aus der Vergangenheit beglichen? Mag sein. Doktor Abdul Rahman galt in Kabul eigentlich als ein Mann der Zukunft. „Ein intelligenter, politisch versierter Mensch", sagt ein erfahrener Diplomat, der ihn gut gekannt hat. Gegner hatte der 49-Jährige aus der winzigen ostafghanischen Volksgruppe der Nuristaner allerdings auch.

Der gelernte Arzt Rahman war unter Präsident Rabbani schon einmal Luftfahrtminister gewesen, bis dieser 1996 von den Taliban vertrieben wurde. Danach hatte er sich dem legendären Tadschikenführer Massud angeschlossen, stieg gar zu dessen Stellvertreter auf. Doch dann gab es Streit. Rahman ging nach Indien, ins Exil; über die paschtunisch dominierte Romgruppe fand er wieder Anschluss an die Politik seines Heimatlandes - und gelangte so zu dem Ministeramt, in dem er am 14. Februar sein Leben verlor. „Politisch" war die Bluttat durchaus, mag Interimspräsident Karsai noch so ernsthaft das Gegenteil beteuern. Denn der Vorfall wirft ein grelles Licht auf die gewaltigen Spannungen innerhalb des politischen Notkonsortiums, das Afghanistan derzeit regiert.

17 von 29 Sitzen (darunter die Ressorts Verteidigung, Innen- und Außenpolitik) der Interimsregierung werden von der Nordallianz besetzt - in nüchterner Anerkennung der Tatsache, dass sie als einzige Kriegspartei in Kabul saß, als die Uno die Petersberger Konferenz einberief. Die restlichen 12 Posten werden von paschtunischen Exilgruppen bestückt. Der Paschtune Karsai befindet sich folglich in einer misslichen Lage: Er hat keine Peitsche, um das Konsortium in Schach zu halten - und als Zuckerbrot nur die Gaben der internationalen Gemeinschaft, die reichlich versprochen wurden, aber nur tröpfchenweise in Kabul ankommen. Die Nordallianz dagegen hat Truppen. Viele Truppen. Wie viele es sind und wo sie Position bezogen haben, weiß niemand genau. In Kabul selbst sollten gemäß dem zwischen der ISAF und der Interimsregierung verhandelten Stationierungsabkommen alle Truppen entweder abgezogen oder entwaffnet sein. In der Tat sind viele Soldaten der Nordallianz Richtung Norden abgezogen - aber mehrere tausend sollen noch in der Stadt sein. Was sich auch dem Umstand verdankt, dass die Übersetzung des Abkommens in der nordafghanischen Sprache Dari nur von „Kasernierung" spricht. Ein Versäumnis, das noch Folgen haben könnte. Die Trauernden auf dem Friedhof - Minister, Beamte, Offiziere, Polizisten in brandneuen Filzuniformen, paschtunische Stammesführer mit losen Turbanen - sind jedenfalls nicht allein. Auf jedem Mäuerchen, jeder Anhöhe, jeder Ruine, so weit das Auge sehen kann, steht ein Soldat der Nordallianz. In Wollkappe und frisch geliefertem Tarnkluft, mit der Kalaschnikow in der Hand; der eine oder andere stützt sich auch auf eine Panzerfaust.

eine Angelegenheit der Interimsregierung. Da mischen wir uns nicht ein." Ende der Durchsage, danke. Es stimmt: Die ISAF ist peinlichst bemüht, jeden Anschein zu vermeiden, sie stelle die fragile Restautorität der Regierung infrage.

Doch an jenem Donnerstag taten britische und französische Soldaten ganz normal auf dem militärischen Teil des Flughafens Dienst - kaum 700 Meter entfernt von den Pilgern. Richtig ist auch, dass die Einsatzregeln sie zur Nothilfe verpflichten. Ein britischer Presseoffizier sagt schließlich betreten, es sei eben alles sehr schnell gegangen. Man war wohl in Gedanken schon im Stadion am Kabul-Fluss. Die gesamte ISAF-Truppe - samt ihren Stäben in der Heimat - hatte seit Wochen dem Spiel angstvoll entgegengefiebert. „Also ich, wenn ich Taliban wär, wüsst ich, was ich tun tät", sagt ein deutscher Unteroffizier grimmig, während sein Verteidigungsminister Rudolf Scharping zu Wochenbeginn geistesabwesend das Bundeswehrlager inspiziert. Doch beim Spiel geht alles gut - mehr oder weniger.

Die Fallschirmjäger und die Polizei feuern ein paar Luftschüsse ab, es gibt viel Geschrei und Gerempel, dazu ein paar Prellungen und Platzwunden auf beiden Seiten.

Drinnen kämpft die afghanische Elf löwenhaft. In der 15. Spielminute macht der Stürmer Sayed Taher das erste Tor: mit einem spektakulären Fallrückzieher, der sogar den Direktor des britischen Fußballverbands, David Davies, zu höchst unangelsächsischer Begeisterung hinreißt. Am Ende siegt die ISAF-Elf mit drei zu eins.

„So ist das, wenn Fleisch gegen Kartoffel spielt", sagt ein afghanischer Beamter später: achselzuckend, aber freundlich.

Aufgebrachte Afghanen versuchen ins Stadion zu gelangen >\\\afghanistan020514_1527\veranstaltungen\stadion_008.jpg

Exekutionen im Stadion

Das Spiel ist vorbei - die Sorgen der Unterstützungstruppe nicht. Am selben Abend wird ein britischer Wachposten beschossen und erwidert das Feuer, später werden in der Nähe ein toter Afghane gefunden sowie mehrere Verletzte.

Auch die Bundeswehr ist noch vollauf damit beschäftigt, das eigene Lager abzusichern; ihre Aufklärer haben dringend dazu geraten. Zwischendurch versuchen sie, eine Schule notdürftig für den Unterricht herzurichten, verteilen Hefte und Bleistifte an Mädchen, die seit sechs Jahren endlich wieder lernen dürfen oder überhaupt zum ersten Mal eine Schule sehen.

Die Soldaten fahren zwischen Ruinen Patrouille, danach sammeln sie im Lager Geld für Kinderschuhe. Planet Bundeswehr trifft Planet Kabul.

Deutschland hat angekündigt, es wolle die Ausbildung der Polizei mit zehn Millionen Euro unterstützen und schickt schon mal ein paar Minibusse voraus. Mindestens genauso zwingend aber, findet Karsai, ist der Ausbau der internationalen Truppe. Da baut sich weit größerer Widerstand auf. Unbestritten ist jedoch, dass das Mandat der ISAF über die angesetzten sechs Monate reichen muss, wenn die Interimsadministration imstande sein soll, den Frieden bis zur Wahl einer endgültigen Regierung durch eine Große Versammlung in knapp zwei Jahren zu bewahren. Aber die Truppe aufstocken, gar in die Höhlen der Provinzlöwen schicken, da streikt die Hilfsbereitschaft. Bisher. Für den deutschen Kommandeur, Brigadegeneral Carl Hubertus von Butler, ist das alles noch sehr weit weg. Der Mord an dem Minister ist schon eher ein Sorgenfaktor. Hat die ISAF es mit einem außerordentlichen Vorfall zu tun oder mit einer Verschlechterung der militärischen Großwetterlage? Es herrscht Ratlosigkeit. Einstweilen hat der Kommandeur ein anderes Problem. Die afghanische Nationalelf, die 1996 geschlossen ins Exil gegangen ist, möchte ein Rückspiel ansetzen. Sobald wie möglich. Im Bundeswehrhauptquartier Kabul heißt es dazu nur: „Um

die ihn nach Delhi
aber auch Hunder-
e Maschine Rich-
e Verpflegung, bei
Koran verpflichten
mal im Leben zur
n 23 Jahren Krieg
enden, viele Ältere
es Lebens. Als am
tung stirbt, kocht

ausch?

os geklärt werden
ppe ISAF zu spät
te. Zerrten die Pil-
r trat er von selbst
higen? War es ein
Gegner die Gunst
die Täter? Hamid

Der Anblick kann für Hamid Karsai nicht nur beruhigend sein. Die sechs Verdächtigen, denen er am Vortag den Mord an Rahman vorgeworfen hat, sind allesamt Tadschiken der Jamiad-Gruppe von Massud, der am 9.09.2001 einem Al-Qaida-Attentat zum Opfer fiel. Die Führungselite der Nordallianz, mit anderen Worten. Der Präsident sieht auf dem Friedhof ziemlich einsam aus.

Schnitt zurück: Freitag nach dem Mittagsgebet, im Fußballstadion. Hier pflegten zur Halbzeit die Taliban Exekutionen und Amputationen vorzunehmen, um eine möglichst breite Abschreckungswirkung zu erzielen; dies ist das erste Spiel seit ihrem Sturz: 30.000 Menschen warten drinnen auf den Anpfiff, 15.000 mehr drängen hinein, ein paar hundert Fallschirmjäger und Polizisten sollen sie daran hindern.

Wo war die ISAF gestern, als der Minister starb, General McColl? Der drahtige Brite, Kommandeur der 4200 Mann starken Unterstützungstruppe, hat gerade huldvoll die ISAF-Elf abgenommen:

Soldaten aus zehn Ländern sind dabei, ein Bundeswehrgefreiter hat sich in letzter Minute vom Krankenbett auf-

... reserviert: „Die Pilgerfahrt ist

15.02.02

heute war das **große fußballspiel** ISAF gegen kabul. ISAF gewann 3:1.
das spiel war jedoch nicht der mittelpunkt unserer aufgabe,
sondern der schutz der gäste, insbesondere der vip's auf der ehrentribüne,
z. b. general k., general m. (kommandeur ISAF).
vor spielbeginn hatten wir wieder mal eine **bombendrohung.**
der afghanische präsident hamir karsai sagte kurzfristig ab.

der hintergrund lag wohl darin, dass am 15.02.02 der afghanische minister für tourismus und luftfahrt nach landung auf dem flughafen kabul durch einen erregten mob **niedergetrampelt** wurde. der grund lag darin, dass der besagte minister sich für eine reise ins ausland die einzigste maschine der afghanischen airline nutzte und die einheimischen **nicht nach mekka reisen konnten.** es wird auch **behauptet**, dass unter dem mob **regierungsmitglieder** waren, die den minister **zielgerichtet versuchten zu ermorden.** der minister erlag am 16.02.02 im feldlazarett der italiener seinen verletzungen.

die **ausschreitungen** beim fussballspiel waren heftig.
wir hatten zwei leicht verletzte. die infanterie gab **mehrere warnschüsse** ab.
durch das einschreiten der lokalen polizei gab es auch einen **toten.**
der grund für den aufgebrachten mob lag darin,
dass nur ca. 30.000 menschen ins stadion passten aber **15.000 weitere einlass begehrten.**
die lokale polizei **schlug wortlos** in die masse ein, mit allen möglichen dingen, gewehr,
stangen, panzerfaust usw. als das aufgebrachte volk die umzäunung niederreißen wollte,
wurden unsere hunde eingesetzt, sowie feuerlöscher, die auf die menge abgezogen wurden.
ein feldjäger wurde von einem stein getroffen,
die mehrfach aus der menge auf uns geworfen wurden. in bezug der **durchbrechenden menge**
mussten wir gemeinsam mit dem afghanischen personenschutz **in anschlag gehen.**

das ganze schaukelte sich auf.

vielleicht hätte man es vermeiden können wenn man vor dem stadion
eine großleinwand aufgebaut hätte, um so das fussballspiel für alle zu übertragen.

die **sortierung der gäste** übernahm das afghanische innenministerium. die
zielrichtung war für uns nicht erkennbar, da gästen mit einladung zum
teil der einlass verwehrt wurde und gästen ohne man wiederum den einlass gewährte.
unser auto war durch die aufgebrachte menschenmenge nicht
mehr **erkennbar** diesbezüglich weist es jetzt jede menge beulen auf.

172 days

US-Präsident George W. Bush fordert das Taliban-Regime ultimativ auf, Osama bin Laden und seine Gefolgsleute auszuliefern. „Die Uhr läuft ab", sagt er. Auch Großbritanniens

Parkplatz Deutsche Botschaft >\\\afghanistan sonstigeII\Parkplatz_botschaft.jpg

Tony Blair kündigt eine „gezielte Aktion" an. Am Tag zuvor wurden im Süden der ehemaligen Sowjetrepublik Usbekistan mit Genehmigung der dortigen Regierung (und

393 getötete Koalitionssoldaten insgesamt seit Kriegsbeginn davon

310 US-Soldaten
18 deutsche Soldaten
17 spanische Soldaten
16 kanadische Soldaten
8 britische Soldaten
7 französische Soldaten
5 italienische Soldaten
4 rumänische Soldaten
3 dänische Soldaten
2 schwedische Soldaten
1 australischer Soldat
1 norwegischer Soldat
1 portugisischer Soldat

Zivilisten:

Die Angaben sind sehr unterschiedlich, offizielle Angaben liegen nicht vor. Laut Marc W. Herold's Dossier on Civilian Victims of United States' Aerial Bombing kamen über 3.600 Zivilisten bei US-Bombardements ums Leben. Jonathan Steele nannte im „The Guardian" ein Zahl zwischen 20.000 bis 49.600 Menschen, welche als Konsequenz durch die Invasion starben. Eine Studie der Los Angeles Times nannte eine Zahl von ca. 1.000 zivilen Opfern.

Stand vom 25. Juni 2006.

luste deutscher Soldaten in Afghanistan, Stand vom 25. Juni 2006, Quelle: http://icasualties.org/oef/)
11/14/05 Franz, Armin Lieutenant Colonel 44 Germany German Army Not reported yet Hostile - hostile fire - suicide bomber Kabul Bad RodachGermany
08/07/05 NAME NOT KNOWN Germany German Army Non-hostile - vehicle accident
Kabul (southeast) Germany
06/26/05 NAME NOT KNOWN Master Sergeant 26 Germany German Army Master Sergeant Non-Hostile - Ordnance
plosion Takhar Province Germany
06/26/05 H., Andreas Main Sergeant 37 Germany German Army PRT-Team Non-Hostile - Ordnance
plosion Takhar Province Bad Oeynhausen Germany
06/07/03 Kuehlmorgen, Carsten Master Sergeant 32 Germany German Army NA Hostile - hostile fire - suicide car
nb Afghan National Army training facility in Kabul Chemnitz
06/07/03 Bulju, Andreas Chief Warrant Officer Germany German Army German Army, International Security Assistance Force Hostile - hostile fire - suicide car bomb
bul Eldorf
06/07/03 Jimenez-Paradis, Helmi Sergeant Germany German Army German Army, International Security
sistance Force Hostile - hostile fire - suicide car bomb Afghan National Army training facility in Kabul Wunstorf
06/07/03 Baasch, Joerg Junior Sergeant Germany German Army German Army, International Security Assistance Force Hostile - hostile fire - suicide car bomb
han National Army training facility in Kabul Densborn
05/29/03 Kamins, Stephen Private 1st Class Germany German Army German Army, International Security Assistance Force Hostile - hostile fire - mine Kabul
12/21/02 Kaiser, Bernhard Main Sergeant Germany German Army 15th Army Aviation Regiment
n-hostile - helicopter crash Kabul (near)
12/21/02 Deininger, Friedrich Captain 53 Germany German Army 25th Army Aviation Regiment
n-hostile - helicopter crash Kabul (near) Laupheim
12/21/02 Ehrlich, Frank Junior Sergeant. Germany German Air Force NA Non-hostile - helicopter crash Kabul (near)
12/21/02 Vierling, Uwe 1st Lieutenant 31 Germany German Army 15th Aviation Regiment Non-hostile - helicopter
sh Kabul (near) Thuringia
12/21/02 Schmidt, Enrico Main Private 1st Class Germany German Army 25th Army Aviation Regiment, German Army Non-hostile - helicopter crash Kabul (near)
upheim
12/21/02 Schiebel, Thomas Main Sergeant Germany German Army 25th Army Aviation Regiment
n-hostile - helicopter crash Kabul (near) Laupheim
12/21/02 Hewußt, Heinz-Ullrich Hewußt Main Sergeant Germany German Army 15th Army Aviation Regiment
n-hostile - helicopter crash Kabul (near) Kreis Steinfurt Germany
03/06/02 Rubel, Mike Master Sergeant 27 Germany German Army Kampfmittelbeseitigungskompanie 11 Munster
n-hostile - defusing anti-aircraft missile Kabul
03/06/02 Kochert, Thomas Master Sergeant 28 Germany German Army Kampfmittelbeseitigungskompanie 11 Munster Non-hostile - defusing anti-aircraft missile Kabul

Uwe's Ecke im Zelt >\\\privatarchiv\fuer_meinen_knuddel\wer_raeumt_hier_mal_auf.jpg auf Flugplätze, Radar- und Militäreinrichtungen der Taliban kommen vier afghanische Mitarbeiter der Vereinten Nationen ums Leben. Das Taliban-Regime jedoch spricht von

16.02.02

heute fahren wir mit dem personenschutz der deutschen botschaft die erkundung für den besuch des außenminister fischer.

des weiteren bauten wir unseren vorplatz aus - wasserfest - da es seit ca. 4 jahren hier wieder einmal regnet.

bedrückend war nur, dass einheimische kinder mit dem finger auf uns **zielten** und mit ihrer gestik ausdrückten, dass sie gerne auf uns schießen würden.

171 days

26.02.02

vergangene woche habe ich meine aufzeichnungen vernachlässigt...

...seit einer woche bewachen wir nachts das stabsgebäude, da unser general eine begegnung der dritten art hatte... unser vorbau ist nun abgeschlossen. von der deutschen botschaft **erhielten wir sogar eine tür**.

derzeit bin ich etwas **gesundheitlich angeschlagen**.

am 24.02.02 traf ich den thw-beauftragten klaus b., den ich seit meinem kosovo-einsatz kenne.

seit samstag ist ein polizei-oberkommissar vom bgs hier anwesend, der die kfz-t4 an die **einheimische polizei** übergibt. die kfz sind alle **nagelneu** und schon mit der aufschrift „police" in der landessprache versehen.

gestern am 25.02.02 **erkundeten** wir gemeinsam mit der dänischen mp die strecke für den besuch des dänischen verteidigungsministers.

heute **regnet** es wieder mal den ganzen tag.

die probleme mit der post und dem druckausgleich der antonow halten weiterhin an.

heute am 26.02.02 sind die außenliegenden wände unseres dienstkommandos fertiggestellt worden.
demnächst werden wir wohl unsere arbeit aufnehmen.

gegen 15:00 uhr war ich bei der besprechung der dänischen mp für den besuch des verteidigungs-ministers der dänen s. die besprechung war natürlich in englisch... **echt super**...

wenn der tag zu ende geht bin ich froh im bett, besser gesagt im schlafsack zu liegen.

die parole, dass keiner nach hause kommt und **dass wir alle sterben**, hält weiterhin an.

der ausdrücklichen Billigung Moskaus) 1.000 US-amerikanische Elite-Soldaten stationiert. +++ 09.10.2001 +++ Bei erstmals auch tagsüber durchgeführten Luftangriffen der USA

derzeit laufen die bestrebungen die **mun (munition) auszulagern**
da dies nach den **deutschen bestimmungen erforderlich** ist - **was für eine idee...**
im falle der verteidigung hätten wir keinen direkten zugriff mehr,
da sich der **lagerort über der straße bei den briten** befindet.
des weiteren werden 8 soldaten je wachschicht (24 soldaten) zusätzlich gebunden.

Einschlagpapier Feldpostpaket >\\\simone_pics_diverse_2006\IMG_7341mod2.jpg gplätze, Radar- und Militäreinrichtungen der Taliban kommen vier afghanische Mitarbeiter der Vereinten Nationen ums Leben. Das Taliban-Regime jedoch spricht von

27.02.02

der erste teil des einsatzes für den dänischen verteidigungsminister ist beendet (20:52 uhr) gegen 12:55 uhr ist er auf dem flughafen gelandet. wir waren schon um 10:20 uhr vor ort. für den besuch gibt es zwar ein handbuch von 30 seiten mit jedweder **beschreibung**, jedoch die **kleinsten sachen** wurden nicht bedacht. die dänische mp war sehr angespannt, vielleicht war es ihr erster einsatz. im lager fand zugleich eine ausbildung statt. durch zufall waren wir am gleichen ort. es ereignete sich folgende situation:
die fallschirmjäger bildeten ihre hunde aus, daher war ein ausbilder in zivil gekleidet und lief bewaffnet auf uns zu. ohne kenntnis der ausbildung wurde ein **angriff** durch uns angenommen. die situation wurde in letzter sekunde erkannt.

heute war **posttag**. die masse bekam päckchen mit allen möglichen dingen, manche bis zu 4 stück.

ach ja, r. nannte seit dem einsatz die dänische mp nur noch schlappenflicker, da halt einiges **schief lief**.

so, nun ist es zeit für die kiste. morgen gehts früh raus.

Bettlerin mit Kind >\\7.FJgEinsKtgt_KMNB_ISAF_Kabul_CD1\01frauen\003.jpg

Deutscher Scharfschütze >\\\afghanistan020514_1527\einheiten\deutsche_scharfschützen.jpg

01.-02.03.02

nachtschicht - abholung ksk-kommandeur und sein hauptfeldwebel in bagrahm (70 km von kabul) - wüstentarn - 4:30 uhr eingetroffen. abflug ca. 12:00 uhr durch personenschutz begleitet, da er eigentlich gar nicht da war.

<\>es war nicht offiziell da und er kam in wüstentarn, mit der damals bekanntermaßen nur spezialkräfte ausgestattet waren... und jetzt er als einziger in braun im lager unter 800 soldaten in grün...<>

0 verletzten Zivilisten. +++ 10.10.2001 +++ Die USA beginnen mit dem Abwurf von bunkerbrechenden Raketen und Streubomben auf militärische Ziele

03.03.02

besuchsprogramm

brigadegeneral h. und generalleutnant r.
abholung am kabul international airport.

danach wurde das programm und die besetzung geändert.
stabsfeldwebel z. änderte eigenwillig alle maßnahmen. entscheidung chef steht noch aus (unruhe).
mittags hatten wir ein **erdbeben** 7,2 gemäß nachrichten, die erde zitterte, es war ein gefühl als surfte man auf einer welle.
im stab drängten sich die offiziere die treppe hinunter richtung ausgang.
es gab sogar kleine **keilereien**. aussagen wie „lass mich zuerst raus, ich bin wichtiger..." sollen auch gefallen sein.
von 21:00 bis 24:00 uhr fuhren wir eine erkundung mit den fallschirmjägern und general h. ca. zehnmal wurden wir aufgehalten, durch die besagten check-points der lokalen polizei angerufen, gleichzeitig geht ein polizist in anschlag und macht daher einen stechschritt nach vorne und **zielt** auf einen.
danach folgt noch ein zweiter, der das **passwort** abfragt.
wenn das passwort stimmt wird der weg freigegeben. warum wird ISAF überhaupt aufgehalten? warum nur ISAF, warum fahren zivile autos ohne kontrolle durch?

m Großraum der afghanischen Hauptstadt Kabul und der Taliban-Hochburg Kandahar im Süden des Landes. Dabei handelt es sich um in Kanistern abgeworfene Bomben, die

Afghanischer Junge mit seinem Vater >\\\7.FJgEinsKtgt KMNB ISAF Kabul CD1\02kinder\afghanistan 017.jpg

Konvoi beim täglichen Einsatz in Afghanistan >\\\7.FJgEinsKtgt KMNB ISAF_Kabul_CD_3\33PersSchtz\P3120217.JPG

ein tag wie jeder andere.....

die fahrt ins ungewisse...
einfach nur unser job...
für einander einstehen...
sich blind verlassen auf den anderen
unabhängig von alter und dienstgrad...
ein team sein....
gefahr zu laufen, sein team
zu verlieren........
jeden tag aufs neue......
selbst sein leben
zu verlieren,
nicht mehr für das team
da zu sein.....
tausend begrifflichkeiten
sich wiederspiegeln
in meinen gedanken
bei dem anblick diese schnöden bildes...
..................nur eine fahrt....
........für uns war es mehr viel mehr...
..........jeden tag pure anspannung....
die sekunde der **wahrnehmung.....**
die halbe sekunde der **entscheidung...**
......für sich...........für sein team.........
.....und für das anvertraute.....

gewaltig und bedrohlich
.....für manch ein betrachter......

cool und geil
.....für manch ein betrachter......

der hauch des besonderen
.....für manch ein betrachter......

für uns war es nur unser auftrag...
der uns aufgetragen und für den wir mit seele und herz einstanden.....
weil es war unser job........
und er war so wichtig und minder unwichtig
wie jeder job im einsatz...........
denn ohne den einzelnen in seiner jeweiligen funktion
.............kam das ganze zum stocken..............

Dutzende kleiner Sprengkörper freisetzen. Da diese beim Auftreffen nicht alle detonieren, stellen die Bomben oft noch nach Jahren eine Gefahr dar. +++ 12.10.2001 +++

Kunst in der Kaserne, Sonthofen 2006 >\\\simone_pics_kaserne_2006\IMG_7366modsw.jpg

Tagebuch Uwe D. >\\\simone_pics_doku\IMG_8203mod.jpg

04.03.02

in bezug der tatsache, dass der stabsfeldwebel w. heute alle aufträge an sich gerissen hat, war's heute spassig und **putztag** für mich.

heute war der niederländische verteidigungsminister hier. jedoch hat er unseren general nicht besucht.

dass unsere armee ein unflexibler haufen ist, sieht man jeden tag mehr, 30 km weiter werden kämpfe geführt, und wir leben hier im tiefsten frieden gemäß befehl.

< < c o m i c > >

aufgefunden im camp - entspricht der **tatsache.**

die waschmodule waren auch alle beschädigt, da man vergaß, die leitungen zu entleeren, denn in der antonow ohne druck- und temperaturausgleich platzen die meisten rohre.

US-Präsident George W. Bush bietet dem afghanischen Taliban-Regime eine „zweite Chance" an: Wenn es Osama bin Laden und seine Leute ausliefert, würden die Luftangriffe

Konvoi bei Nacht, Kabul >\\\7.FJgEinsKtgt_KMNB_ISAF_Kabul_CD3\31sonstiges\100104-10053mod.jpg

05.03.02

heute hatten wir eine nachtpatroullie mit den britischen fallschirmjägern in distrikt 5. general r. hatte diese einladung erhalten. die fahrt zur britischen einheit erfolgte mit zwei dingos <\>gepanzerte lkw's<>, bat <\>beweglicher arzttrupp = gepanzerter krankenwagen<>, ssa fjg <\>mercedes geländewagen, gepanzert gegen beschuss 7,62 mm<>, sowie ein wolf <\>mercedes geländewagen ohne panzerung<> als voraus-kfz. nach der einweisung wurde bekannt gegeben, dass die sicherheit des general r. durch die briten übernommen wird. die gepanzerten kfz und sanitäts-kfz verblieben im britischen lager.

general r. und ich sowie feldwebel p. nahmen auf den britischen fahrzeugen platz. die fahrzeuge waren ohne schutz. man saß rechts und links entlang der ladefläche. eine funkverbindung gab es nur unter uns. an einem bestimmten punkt saßen wir ab und marschierten in der nacht um eine ortschaft herum, der längste weg den wir zurücklegten, war ein ausgetrocknetes flußbett. der grund, dass wir marschierten war der, dass die briten in diesem bezirk schon öfters beschossen wurden. daher sollten die fahrzeuge ein ablenkungsmanöver darstellen. zum glück ging alles gut. einzigstes vorkommnis - der general r. ging in bezug der unebenheit des bodens viermal in die knie. zum totalen fall kam es nicht, da wir ihn jedesmal stützen konnten.

verzüglich eingestellt. Taliban-Chef Mullah Mohammad Omar lehnt ab. +++ 14.10.2001 +++ Das Taliban-Regime erklärt sich zu Verhandlungen über eine Auslieferung Osama

06.03.02

heute hab ich nachtschicht.

es sollte ein **schwarzer tag** in der geschichte der bundeswehr werden. gegen 1:10 uhr sahen wir einen bat mit sonderrechten <\>krankenwagen mit blaulicht und martinshorn<> aus dem lager fahren. auf nachfrage erfuhren wir etwas von einem verkehrsunfall höhe schießplatz. einige **sekunden später** erhielten wir jedoch die meldung, dass ein **sprengunfall** mit mehreren verletzen und toten vorläge. unsere streife wurde entsandt. die angaben über verletzte und tote **überschlugen** sich. insgesamt waren wir vom 06.03.02, 7:00 uhr bis 07.03.02, 23:00 uhr im dienst.

einzelheiten dazu werde ich nicht niederschreiben, da diese wohl immer für mich **gegenwart** bleiben werden.

tief bewegt und stumm von worten waren die erzählung der beiden eod-stuffz die mir beschrieben, wie sie die schwerverletzten körper des dänischen eod <\>kampfmittelbeseitigungstrupp<>, in den armen hielten und sie nur **streichelten**, da der arzt außer schmerzstillender behandlung keine anderen **lebensrettenden** maßnahmen einleiten konnte. minuten später erlagen sie ihren verletzungen.
die beiden eod stuffze haben nur überlebt, da sie eine **rauchten** und so im **schutz** des lkw's standen. die ermittlungen dauern immer noch an.

ein Drittland bereit. Washington lehnt das Angebot als „Verzögerungstaktik" ab. +++ 16.10.2001 +++ Bei Kabul wird ein Lager des Roten Kreuzes von

Vermessung Sprengunfall, Kabul 06.03.02 >\\\afghanistan_sonstigell\vermessung0017.jpg

Wandzeichnung in der Kaserne, Sonthofen 2006 >\\\simone_pics_kaserne_2006\IMG_7766.jpg

Kabul: Nach der verheerenden Explosion am 06.03.02
in der Nähe des Lagers der deutschen Soldaten in Afghanistan
ist vor allem ein Mitglied des Kontingents rund um die Uhr
im Einsatz: der Truppenpsychologe Stefan Schanze.
Mit ihm sprach DIE WELT im Feldlager der Bundeswehr.

„Ich habe einzelne Soldaten aufgefordert, ein Auge auf ihre Kameraden zu werfen. Wenn jemand plötzlich nur noch vor sich hinguckt, nichts mehr isst, plötzlich viel Bier trinkt oder nachts nicht mehr schlafen kann, dann muss man aufpassen.

Egal wo ich am Tag des Unglücks stand, es bildete sich immer eine kleine Gruppe, während sonst Soldaten nicht immer so begeistert sind, dass ein Psychologe dabei ist.

Die meisten machen normalerweise eher einen **großen Bogen** um mich, weil sie Angst haben dass man denkt, sie wären nicht mehr **voll leistungsfähig.**“

10.03.02

überflug von **unbekanntem flugkörper**. noch mehrere... aber die lage ist immer noch ruhig und stabil - gemäß **befehlslage**.

alle fahrten <\>einsatzfahrten außerhalb vom camp<> vorsorglich nur mit 2 kfz <\>sonst durfte man auch allein rausfahren<> rucksack gepackt usw. <\>volle bewaffnung, verpflegung<>

am 08.03.02 fühlte mich gesundheitlich stark angeschlagen, der arzt bestätigte beidseits geräusche in den lungenflügeln. somit wurde ich **krank** im zelt geschrieben. die medikamente vertrage ich nicht. nun muß ich halt so gesund werden.

„Pipimachding" >\\7.FJgEinsKtgt KMNB ISAF_Kabul_CD_2\21campwarehouse\pipimachding.jpg

US-amerikanischen Bomben getroffen und zerstört. Zwei Tage zuvor hatte Washington erstmals zugegeben, daß es bei den Luftangriffen auf Afghanistan durch „fehlgeleitete

„Pferderennen" >\\\afghanistan sonstigeII\camp\pferderennen.jpg

Afghanischer Polizist mit Fußballfans >\\\afghanistan sonstige pics\37.jpg

Raketen" auch zivile Opfer gegeben habe. +++ 17.10.2001 +++ Während Washington meldet, die Kampfkraft der Taliban sei praktisch lahmgelegt, gibt sich Taliban-Führer Mullah

Die Darstellungsstrategien von Freund- und Feindbildern in Text und Bild im Afghanistan-Konflikt in der deutschen Presse

Autoren: Judith Dünnwald und Sina Eickhoff-Lehwald

„Das erste Opfer im Krieg ist immer die Wahrheit" schrieb der englische Journalist Phillip Knightley 1975. „Wahrheit" scheint in Konfliktfällen subjektiv und sie wird ebenso subjektiv von den Medien propagiert. Mit welchen Mitteln arbeitet(e) die deutsche Presse im Fall des Afghanistan-Konfliktes, um die Öffentlichkeit von der Legitimation des Militäreinsatzes gegen Osama bin Laden und die Taliban oder der „Niedertracht" der „Gegner" zu überzeugen? Die Referentinnen haben im Rahmen der vorliegenden Arbeit versucht, einen groben Überblick über die Berichterstattung einiger führender Zeitungen und Magazine (FAZ, taz, Zeit, Spiegel, Stern, ...) und ihren Darstellungsstrategien von Freund- und Feindbildern zu gewinnen. ...

Mit dem Begriff „Feindbild" ist also nicht der Feind oder Gegner selbst gemeint, „sondern etwas Drittes, das sich zwischen ihn und uns selbst schiebt, ein Bild, das sich wie alle Bilder aus einer ganzen Anzahl von Komponenten zusammensetzt, die mit dem eigentlichen Objekt oft sehr wenig oder kaum etwas zu tun haben" (Hans Dieckmann in „Analytische Psychologie", Februar 1986). ...

Gelände Kaserne, Sonthofen 2006 >\\\simone_pics_kaserne_2006\IMG_7467sw.jpg

Heimflug der Opfer Helikopterabsturz vom 21.12.2002 >\\\afghanistan sonstige\trauerformation links_mit transall.jpg

Mohammad Omar weiterhin siegessicher und fordert seine Milizen zum Märtyrertod auf. +++ 21.10.2001 +++ Es wird bekannt, daß US-Präsident George W. Bush dem

11.03.02

spruch des tages:

general z.:

„ich habe **informationen**,
jedoch darf ich diese
nicht nennen..."

<\>wir soldaten sagen dazu
„scheißhausparole"<>

der general ist seit dem
09.03.02 mit dem ausflug der
toten in deutschland.

immer noch krank.

148 days

Soldat bei der „Frust-Bus-Party“ >\\\privatarchiv\sonstiges\frustbus2.jpg

<\>.......**konflikte**...meinungen
treffen aufeinander......
die einen berichten aus
dem erlebten......
dem durchlebten vor einigen
stunden.....die anderen
aus ihrem selbstgebastelten
anschauungsbild............
die beweggründe werden
nicht bedacht.................
voreingenommenheit
stellt sich ein..............
gemeinsam in einem land...
in einer stadt.....in einem
camp, aber doch so fremd......
aufträge die sich gänzlich
unterscheiden.......
die einen verdammt, nie das
tageslicht ausserhalb von
stachelzaun und sandsäcken des
camp zu erblicken.......
die anderen, sich **insgeheim**
wünschen, sich manchmal in
dieser **sicherheit** zu wiegen,
wenn sie jeden tag auf's neue
ihre fahrt durch die
ungewissheit treten an........
insbesondere nach tagen
der anschläge auf ISAF...<>

Geheimdienst CIA den Befehl erteilt hat, Osama Bin Laden aufzuspüren, zu töten und sein Netzwerk „El-Kaida" zu zerschlagen. Seit 1973 ist es der CIA offiziell untersagt,

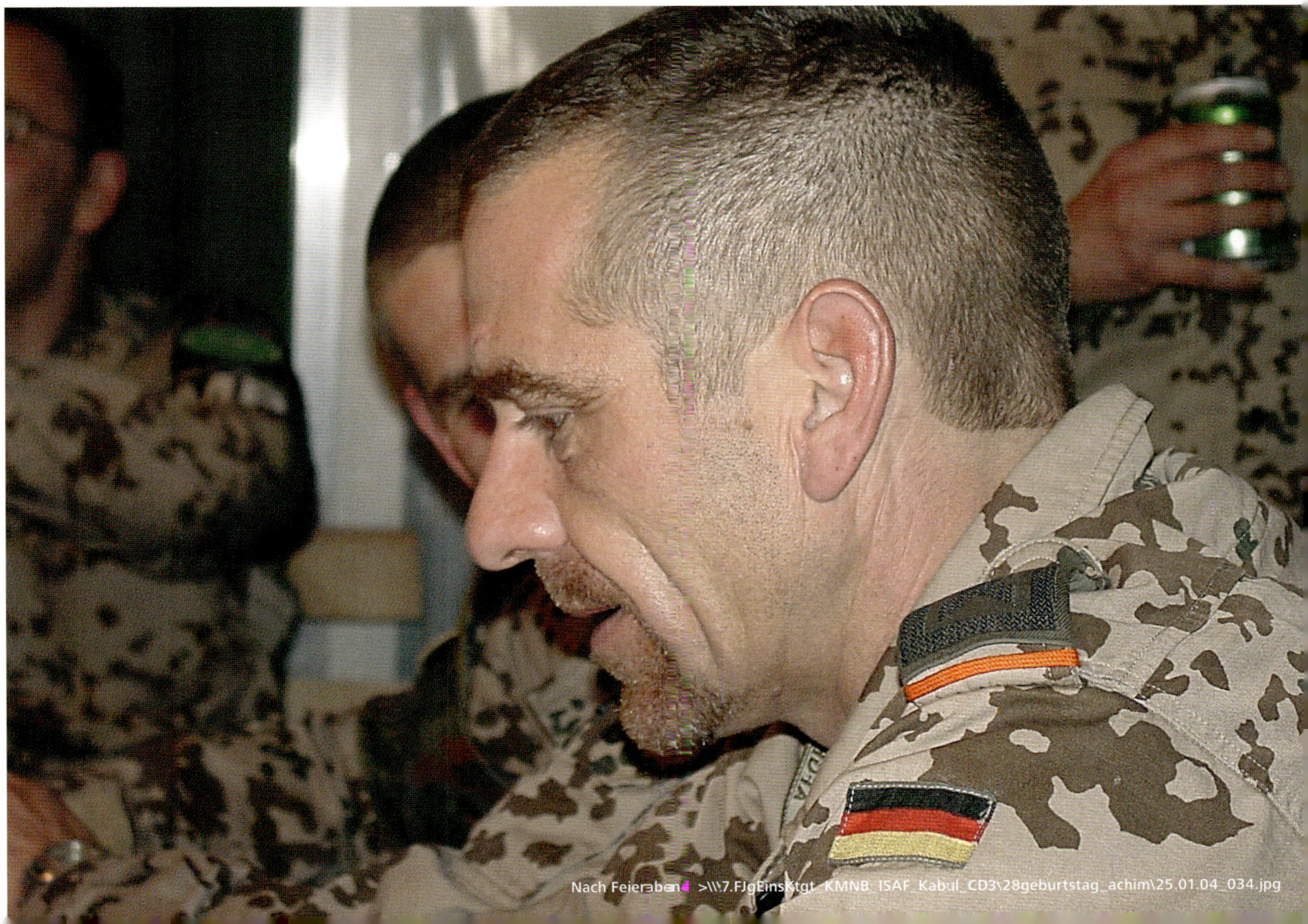

Nach Feierabend >\\\7.FJgEinsKtgt_KMNB_ISAF_Kabul_CD3\28geburtstag_achim\25.01.04_034.jpg

Lagerimpression >\\\afghanistan_diverse\15.jpg

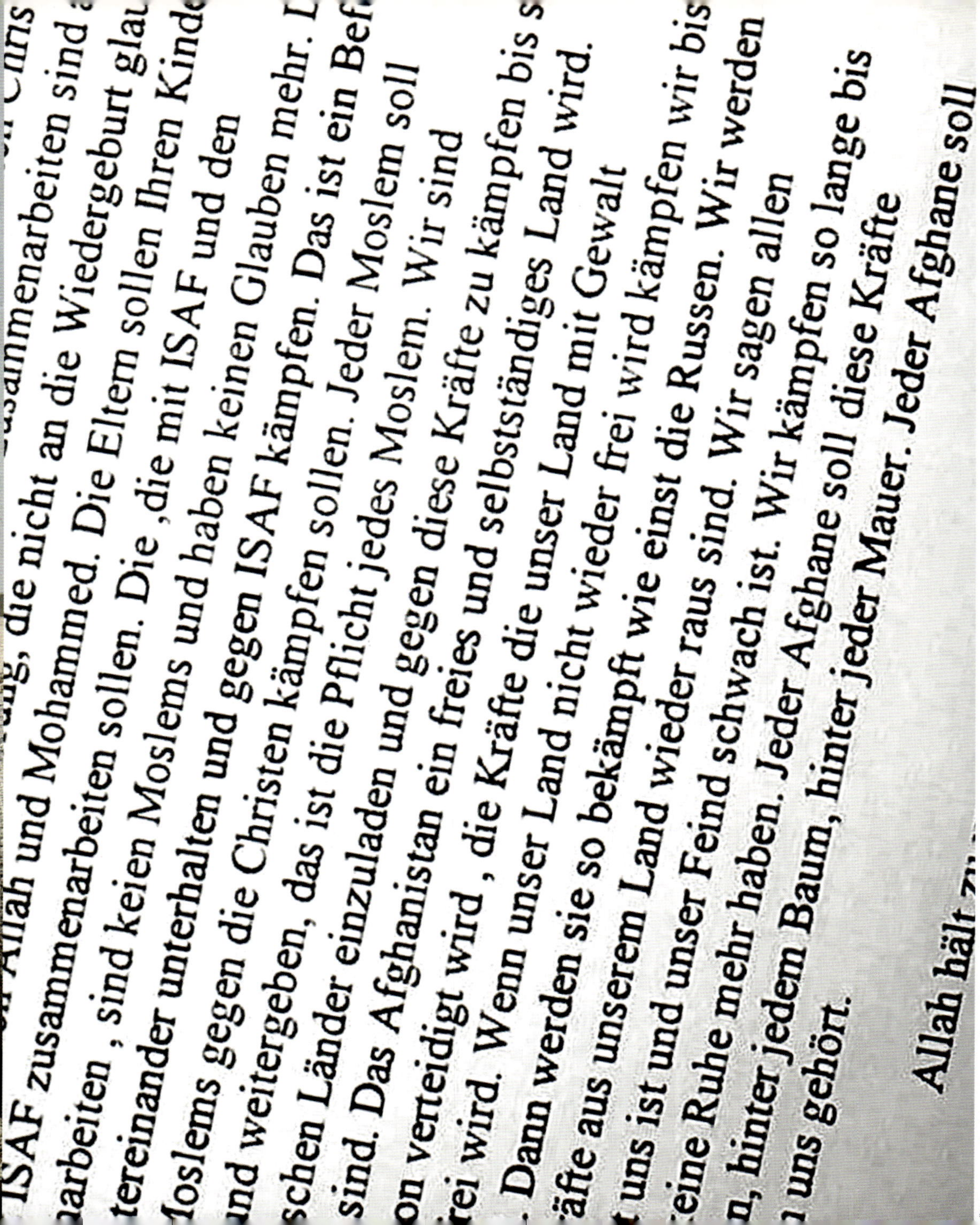

... Chris
... usammenarbeiten sind a...
... ung, die nicht an die Wiedergeburt glau...
... Allah und Mohammed. Die Eltern sollen Ihren Kinde...
ISAF zusammenarbeiten sollen. Die ,die mit ISAF und den
...narbeiten , sind keien Moslems und haben keinen Glauben mehr. D...
...tereinander unterhalten und gegen ISAF kämpfen. Das ist ein Bef...
...Moslems gegen die Christen kämpfen sollen. Jeder Moslem soll
...und weitergeben, das ist die Pflicht jedes Moslem. Wir sind
...schen Länder einzuladen und gegen diese Kräfte zu kämpfen bis s...
...sind. Das Afghanistan ein freies und selbstständiges Land wird.
...on verteidigt wird , die Kräfte die unser Land mit Gewalt
...rei wird. Wenn unser Land nicht wieder frei wird kämpfen wir bis
... . Dann werden sie so bekämpft wie einst die Russen. Wir werden
...räfte aus unserem Land wieder raus sind. Wir sagen allen
...t uns ist und unser Feind schwach ist. Wir kämpfen so lange bis
...keine Ruhe mehr haben. Jeder Afghane soll diese Kräfte
...n, hinter jedem Baum, hinter jeder Mauer. Jeder Afghane soll
...n uns gehört.

Allah hält zu...

Übersetzung Flugblatt „Warnung" >\\\afghanistan020514_1527\flugblatt.jpg nschläge auf ausländische Politiker zu verüben – außer in Kriegszeiten oder zur Selbstverteidigung der USA. Beim Absturz eines US-amerikanischen Kampfhubschraubers im

12.03.02

sandsäcke **sperrbestand**
<>d. h. ausgabe nur noch für notfälle<>

ausbau der zelte wie befohlen gegen beschuß kann nicht mehr durchgeführt werden. 2 dixi beschlagnahmt für mp - abgeschlossen - erstes **duschmodul** für 300 soldaten vorhanden, jedoch 1200 soldaten im camp.

belehrung kraftfahrer - anschnallpflicht und rauchverbot
<>da hab ich mich aufgeregt, dass das das **wichtigste** sein soll<>

essen wieder epa
<>notration, in der pappschachtel, die man nur warm macht<>

am freitag soll der **heilige krieg** gegen die ISAF ausgerufen werden, gemäß der aufklärung der briten.

147 days

Osten Afghanistans kommen zwei Soldaten ums Leben. Die Taliban behaupten, den Hubschrauber abgeschossen zu haben, was von den USA jedoch bestritten wird. +++

15.03.02

der könig <\>der war in italien im exil<> soll einfliegen.

oberstleutnant j. hat heute die lokale presse im lager herumgeführt. dabei hatte er die lokale presse in unsere materialhalle eingewiesen. die materialhalle hat er als versorgungs- und **herzstück** des lagers vorgestellt. hier lagert unsere verpflegung, betriebsstoff - also sprit, munition usw. eine zerstörung dieser halle würde uns gewaltig lähmen oder sogar kampfunfähig machen.

Flughafen Kabul, Afghanen erwarten den Besuch des Königs >\\\afghanistan020514_1527\besuch könig 18.04.02\22.jpg

<\> >> ....der hier auf dem bild, hat beide füsse verloren bei einem anschlag...und er ist im auto da gesessen wo mein platz auch ist, wenn wir im einsatz fahren...da hat einer in der firma gesagt...der arsch.........
„hey...das war dein sitzplatz...."<< <>

<<<<verändert sich das eigentlich irgendwann mit der angst?>>>>
<\> >>da ist keine **angst**. die angst überspielst du, die angst kommt erst später...wenns vorbei ist. in dem moment hast du keine angst. wenn es scheppert, bist du so vollgepumpt mit adrenalin und du läufst einfach nur systematisch ab. die angst oder das wissen was du gemacht hast, kommt erst wenn alles vorbei ist, wenn die ruhephase eintritt. also je größer das chaos.....das ist wie bei einem unfall, du denkst gar nicht darüber nach, du **selektierst** und ordnest intuitiv ein, was du gelernt hast, das machst du halt weils dein job ist. ähnlich wie ein ersthelfer an der unfallstelle. die ganze ausbildung bewahrheitet sich ja erst mal wenn du im einsatz bist, und die frage obs funktioniert, die stellst du dir ab und zu selber. aber wenn das dann soweit ist, wird das irgendwie unbewußt abgerufen und es funktioniert definitiv. aber dafür mußt du stetig fit sein.......angst ist es keine. es ist nicht die angst, die man kennt, dass man regungslos bleibt oder **handlungsunfähig** ist, die ist es auf keinen fall...ja, wenn alles vorbei ist, dann ist man herausgelöst von allem, dann macht man sich je nachdem einen kopf über das was eigentlich passiert ist, und fragt sich ob das der richtige job war, den man gewählt hat - wenn man ehrlich ist. ich könnte mein geld auch einfacher verdienen. aber dann gibt es soviel argumente, dass man sagt „nein...er ist es"........und dann macht man ihn einfach...<< <>

<<<<welche argumente sind das für dich?>>>><\> >>als erstes mal, dass es ein super arbeitsklima ist, dass jeder für jeden einsteht, also im team mein ich..dass jeder für jeden die rübe hinhält, was es in einem normalen geschäft ja nicht gibt, da gibt es ja die **ellenbogengesellschaft**. aber wenn wir im auto sitzen, ist es egal, wer da drin sitzt, welcher dienstgrad, und da würde jeder für jeden alles geben.<< <>

<<<<auch wenn es ein arschloch ist? das solls ja auch geben>>>>
<\> >>..ja, das gibts auch, aber den würde das team gar nicht mitnehmen, wenn er nicht teamfähig ist. der fliegt raus. teamfähigkeit ist das wichtigste, weil ohne teamfähigkeit geht das in die hose. die kette ist immer nur so stark, wie das schwächste glied. und einen schwachen gibt es immer in einem team, aber der **schwache** muß unterstützt werden, weil der auch fähigkeiten hat und wenn der halt nur sich selber darstellen will, das geht solange gut, bis was passiert. dann bringt uns ein selbstdarstellungskünstler keinen meter fünfzig. wenn der nachher ins auto sitzt, fährt weg und läßt die anderen fünf zurück, dann hab ich nichts davon.
wir gehen z.b. auf den übungsplatz, wir schießen zusammen, wir trainieren zusammen, wir haben auch mal zwischendurch spaß, weil in den 4 oder 6 monaten, weiß jeder von jedem alles, also sämtliche probleme, reizbare eckpunkte, kennen unsere vorlieben oder was er auf keinen fall isst. man ist ja mit denen jeden tag rund um die uhr zusammen. im zimmer ist man ja auch nicht allein. du hast soviel **berührungspunkte** jeden tag, das kann man sich nicht vorstellen. und wenn da einer nicht hineinpasst, dann fühlt der sich unwohl...da lernt man viele menschen erst mal kennen, weil viele können sich ein paar stunden **zusammenreißen**, aber nicht 24 stunden und das 4 monate lang....und ich sag mal der gedanke zu helfen, spielt natürlich auch noch mit eine rolle. also kein **helfersyndrom**, weil das darfst dir nicht aneignen, sondern auch in dem was du machst dann irgendwann etwas positives zu sehen....es ist ein einzigartiger beruf, man muß ihn verstehen und man muß es **erlebt** haben. es gibt ja solche begrifflichkeiten wie **einsatzjunkies**. viele machens wohl auch wegen dem geld, geld ist ja nicht alles auf dieser welt.....
aber viele machen es, weil es ein arbeiten ist das es nirgends anders gibt.....gerade während dem einsatz.....und je **beschissener** es einem geht, ob das die infrastruktur ist, oder von der verpflegung oder der unterkunft her...weil das wächst ja alles, die ersten die drin sind bauen auf und irgendwann steht ein richtiges dorf. aber die ersten haben ihr zelt, ihren schlafsack und sonst nichts. und je beschissener es dir geht, umso mehr schweißt das zusammen...und dann kommt es, dass du einfach nur wieder zu deinen jungs in den einsatz willst. oder was ganz schlimm ist, wenn daheim bist oder urlaub hast...wir waren im einsatz, und ich hatte urlaub, meine jungs waren drin und es ist was passiert. dann wollte ich

Sterben bei der Bundeswehr

Zwei Aspekte werden bei Betrachtung des Militärs bzw. der Bundeswehr selbst von antimilitaristischer Kritik vielfach vernachlässigt: der Flächen- und Ressourcenverbrauch durch das Militär (z.b. für Kasernen, Übungsplätze, für den Betrieb von Kriegsflugzeugen und Panzern) und die Verletzten und Toten unter Soldaten und Zivilpersonen auch zu Friedenszeiten, neuerdings zuzüglich derjenigen Menschen, die in Auslandseinsätzen – ohne oder mit welchem Mandat auch immer – umkommen. Über diese Zahlen stehen nur lückenhafte Informationen zur Verfügung. Beeindruckend dabei sind die Zahlen an sich ebenso wie die Lücken, die durch veröffentlichte Statistiken nicht zu füllen sind. Auf die Frage: „Wie viele Soldaten sind seit dem Bestehen der Bundeswehr in Erfüllung ihrer Pflicht im Dienst der Bundeswehr verletzt worden oder ums Leben gekommen?" antwortete der Parlamentarische Staatssekretär Bernd Wilz am 1. Juli 1997: „Von August 1956 bis Dezember 1996 wurden ca. 1.036.200 Soldaten im Dienst verletzt. Im selben Zeitraum sind 2.281 Soldaten im Dienst ums Leben gekommen." (1) Unter den zu Tode Gekommenen befanden sich bis März 1997 allein 702 Soldaten bei Abstürzen von Flugzeugen oder Hubschraubern. In einer Antwort der Bundesregierung auf eine parlamentarische Frage vom 24.03.2004 wird eine Zahl von insgesamt 56 Bundeswehrangehörige genannt, die bis Ende März 2004 bei „besonderen Auslandsverwendungen" ums Leben kamen. (2)

03.11.2001 +++ in einer wiederum über den arabischen Sender „El Dschasira" ausgestrahlten Video-Erklärung nennt der nach wie vor unauffindbare Terrorchef Osama bin Laden

sagte ich, ganz einfach, so wie man in den wald reinbrüllt, so kommts raus und sein verhalten wäre für ihn ein grausiger suizid. letztendlich würden seine männer nie so hinter ihm stehen. wenn es dann zum auftrag kommt, würden seine soldaten nur ihr pensum erledigen, aber nie am schluß nochmal **hundert prozent** drauf legen... das ist ja auch in der literatur nachlesbar, dass der deutsche aus scheiße **gold** macht, das steht irgendwo geschrieben, der deutsche ist so eingestellt, dass er immer noch mehr gibt, als er denkt geben zu können, und das kannst nur machen, wenn du im team bist und jeder hinter jedem steht und trotzdem achtet jeder jeden......dann funktioniert das. und dann bist du ein super funktionierendes team, das was du brauchst, wo jeder auf jeden aufpasst...<<<>

Mit der Zahl der Auslands- und Kriegseinsätze werden auch Soldaten der Bundeswehr zunehmend unter traumatischen Erfahrungen leiden. Solch eine Zunahme zeichnet sich bereits jetzt ab. Im Bericht des Wehrbeauftragten für den Berichtszeitraum 2000 tauchte erstmals und einmalig ein Absatz „Diagnose posttraumatischer Belastungsstörungen und ihre Anerkennung als Wehrdienstbeschädigung". Nach Angaben der Bundeswehr (3) gab es in den Jahren 1996 bis 2000 594 Fälle posttraumatischer Belastungsstörungen (PTBS), allein jedoch im Jahr 2001 227 Fälle. Auf dieses Problem wird innerhalb der Bundeswehr reagiert, nämlich durch psychologische Betreuung „vor, während und nach ihrem Einsatz", speziell durch die Einrichtung so genannter Recreation-Center. In einer Mitteilung vom 16.06.2004 wird auf der Bundeswehr-Website davon gesprochen, dass bisher insgesamt 1.000 Bundeswehr-Angehörige nach Einsätzen betreut werden mussten, von denen 400 unter posttraumatischen Belastungsstörungen gelitten hätten. 1 bis 1,5 % der im Ausland eingesetzten Soldaten hätten damit unter psychischen Störungen gelitten, weniger als 1 Prozent an posttraumatischen Belastungsstörungen. Und ebenso, wie Stefan Gose von der „Berufskrankheit Exitus" spricht, muss auch hier von einer „Berufskrankheit" gesprochen werden. Speziell für Tötungen und tödliche Unfälle im Ausland, aber auch für posttraumatische Erkrankungen gilt, was Stefan Gose als „tödliche Außenpolitik" beschreibt: „Die bisher über 50 toten Bundeswehrsoldaten im Auslandseinsatz sind ebenso zuviel wie all jene, die durch deutsche Soldaten starben. Doch der Tod deutscher Soldaten ist nicht Folge bedauerlicher Unfälle oder arglistiger Anschläge, sondern zentraler Wesenszug eines Jobs, den sie freiwillig gewählt haben. Seit 1993 zählt die Bereitschaft zum Auslandseinsatz bei der Bundeswehr als Geschäftsgrundlage für Zeit- und Berufssoldaten. Soldaten werden – zumal im Ausland – als Soldaten wahrgenommen und behandelt. Wer also vermeiden will, dass Deutschen im Ausland mit Gewalt begegnet wird, darf sie nicht mit Waffen schicken. Verantwortungsvolle Politik darf sich nicht hinter dem Rücken von Soldaten verstecken und aufheulen, wenn man diese nicht als Zivis begrüßt. Militärpolitik ist keine Friedenspolitik."

1) BT-Drs 13/8162, S.22f.; 2) Quelle der Zahlen: 15. WP, 99. Sitzung, 24.03.2004, S. 8886. Quelle der Einzelangaben überwiegend: Stefan Gose, Berufskrankheit: Exitus. Bundeswehr-Tote bei Auslands-einsätzen, in ami (33), H. 5-6, S. 13ff.; 3) Zeitschrift Bundeswehr 12/2002.

am liebsten am nächsten tag runterfliegen, weil das gefühl hier zu sein und nichts machen zu können, das ist das **schlimme** an der sache.....ob ich ihnen helfen hätte können ist eine ganz andere frage, aber dass ich sie einfach alleine lasse....wenn du nur abends mit ihnen zusammensitzt und quatschst mit ihnen über den scheiß, der passiert ist, das hilft ab und zu auch mal, oder z.b. morgens sehe ich schon an den augen, wer schlechte laune hat, wer eine empfindlichkeit hat. das kann ein telefongespräch gewesen sein mit der heimat, oder die **currywurst** war nicht gut...dementsprechend wird er natürlich behandelt. da geht man dann auf die empfindlichkeiten ein und versucht zu helfen, dass er wieder gute laune kriegt......und wenn ich merke, der **bock ist fett**, z.b. die freundin ist ausgezogen, die frau ist weg, die hütte ist leer, die kohle ist weg...dann lass ich ihn im camp, denn bevor er den einsatz **vermiest**, fährt er nicht mit. dann hat er den kopf nicht frei für das was er eigentlich machen sollte, das geht auch gar nicht. das sind alles nur **menschen**........und abschalten kann man das nicht, also beim uniform anziehen gibts nirgends einen schalter, den du umlegst und sagst, jetzt mache ich meinen job und die **gefühlswelt** schalte ich ab. und wenn einer keine gefühle mehr hat, dann beantrage ich, ihn ganz heim zu schicken. dann werden sie **unberechenbar**, wenn einem alles scheiß egal ist, wenn er sowieso schon alles verloren hat daheim, und selber am leben nicht mehr hängt, keine regung, kein gefühl mehr empfindet, dann ist er total **fehl an dem platz**.......als ich diesen vortrag gehalten hab...hab ich das erzählt?...bei dem vortrag ging es um befehl und gehorsam für die ganz jungen. da hat mich einer gefragt, was denn wäre, wenn ein chef nicht mit fach- und sachkunde sondern einfach nur mit **arroganz** führt....da

Heilig Abend 2003, Camp Warehouse >\\\privatarchiv_fuer_meinen_k[illegible]el\DSC01564_weihnachten.jpg

155mm Granate >\\\afghanistan020514_1527\minen\IMG_027.jpg

Ist dieser Einsatz in Afghanistan für Ihre Tätigkeit anders als andere Einsätze?

„ Nicht qualitativ anders, sondern nur quantitativ, was die **Belastung** angeht. Die meisten Belastungen sind immer die gleichen: Ich bin über lange Zeit von zu Hause weg. Ich lebe in einer beengten Zwangsgemeinschaft, muss mich mit anderen arrangieren. Ich habe keinen Partner bei mir, das ist auch nicht zu vernachlässigen:

Es herrscht ein großer Mangel an **Sexualität** den man irgendwie **kompensieren** muss.

Der Unterschied ist der:

Die **Lebensbedingungen** draußen. Die Zerstörungen zum Beispiel im Kosovo, die sind bei weitem nicht so groß wie hier in Kabul. “

Parade Verleihung Orden >\\\7.FJgEinsKtgt_KMNB_ISAF_Kabul_CD2\22Parade\Medaillenparade0021.jpg

<\>ein bild der **freude** auf den
ersten blick...
freude dass der einsatz bald
beendet ist.........
freude über die auszeichnung.....
oder nur freude an dem geplänkel
ich überlass dies dem betrachter,
er soll, darf, muss sehen was er
empfindet..........
die geschichte ist ja nur
ein nebenabruck von dem was
vermittelt wird ....
denn machmal **geziemt** es sich
nicht...............bilder zu
interpretieren im nachhinhein....
weil sie nur die subjektive
meinung der betroffenen darstellen
und so gefahr laufen das
gesamtbild zu verfälschen....<>

u.a. UN-Generalsekretär Kofi Annan einen „Verbrecher“ und bezeichnet moslemische Politiker, die mit den Vereinten Nationen zusammenarbeiten als „Heuchler“ und

Uwe im Büro, GOB-Kaserne Sonthofen 2006 >\\\simone_pics_kaserne_2006\IMG_7742sw.jpg

Überblick über die Geschichte Afghanistans

Die Geschichte Afghanistans ist seit jeher von Kriegen und gewaltsamen Auseinandersetzungen bestimmt. Zwischen unterschiedlichen machtpolitischen Einflußsphären gelegen, stand Afghanistan häufig im Zentrum geostrategischer Konflikte. Von der Eroberung durch Alexander den Großen über das Eindringen der Araber, die den Islam zur beherrschenden Religion machten, bis hin zum imperialistischen „Grand Game" des 19. Jahrhunderts zwischen Großbritannien und Russland war Afghanistan immer wieder Schauplatz bewaffneter Auseinandersetzungen. Erst 1919 erlangte Afghanistan in einem Friedensabkommen mit Großbritannien staatliche Souveränität und Unabhängigkeit.

Doch auch im 20. Jahrhundert fand die Geschichte der Konflikte auf afghanischem Boden kein Ende. Im Unterschied zu früheren Epochen sah sich Afghanistan allerdings vorerst keinen weiteren Invasionen ausgesetzt. Vielmehr entstanden die neuen bestimmenden politischen, sozialen und ökonomischen Konflikte im Inneren des ethnisch vielfältigen Staatsgebildes. Seit 1932 regierte der bei der Thronbesteigung erst 19 Jahre alte König Mohammed Sahir Schah das Land. Die Jahrzehnte weitgehender - zumindest nicht eindämmen konnten, sowjetische Truppen zur Hilfe. Innerhalb weniger Wochen entsandte die Sowjetunion 1979 mehrere zehntausend Soldaten nach Afghanistan, um den muslimischen Widerstand zu unterdrücken. Trotz technischer Überlegenheit gelang es den sowjetischen Besatzern nicht, die afghanischen Mujaheddin (muslimische „Gotteskrieger") zu besiegen. Die von den USA und Pakistan mit Geld und Ausrüstung unterstützten Widerstandskämpfer behaupteten sich bis 1989 gegen die sowjetischen Streitkräfte. So war Afghanistan zentraler Schauplatz des Kalten Krieges und damit einmal mehr Spielball ausländischer Interessen. Nach einem Jahrzehnt der Besatzung ordnete der damalige Präsident der Sowjetunion, Michail Gorbatschow, den Rückzug der Armee aus Afghanistan an.

Allerdings brachen die innerafghanischen Konflikte auch nach Abzug der Sowjets erneut aus. Zwischen den verschiedenen Führern der Mujaheddin entwickelte sich rasch ein Bürgerkrieg von großer Intensität. Nach dem Sturz des letzten von Moskau installierten Präsidenten Mohammad Nadschibullah 1992, verschärften sich die Kämpfe zwischen den Bürgerkriegsparteien bzw. den unterschiedlichen ethnischen Gruppen weiter. Das politische System Afghanistans brach unter den Regierungen des Tadschiken Burhanuddin Rabbani und des Paschtunen Gulbuddin Hekmatjar in den Jahren bis 1994 vollständig zusammen.

In dieser unübersichtlichen Situation traten die Taliban auf den Plan. Angeführt von Mullah Omar drangen diese von Pakistan unterstützten radikalislamischen Koranschüler im Herbst des selben Jahres nach Afghanistan ein und machten sich die chaotischen Verhältnisse zu Nutze. Innerhalb kurzer Zeit brachten sie weite Teile des Landes in ihre Gewalt und riefen 1997 das „Islamische Emirat Afghanistan" aus.

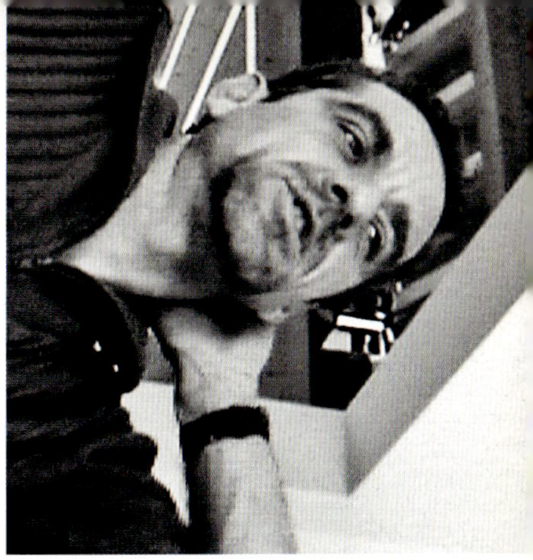

Mit der Einnahme der beiden größten afghanischen Städte, Kabul und Kandahar, im11.bzw. Dezember 2001 durch Truppen der Nordallianz endete die Herrschaft der Taliban.

Mit Pakistan als östlichem und dem Iran als westlichem Nachbarn nimmt Afghanistan zwischen zwei bedeutenden Regionalmächten eine wichtige geostrategische Rolle in Asien ein. Ein instabiles Afghanistan, das Terroristen Zuflucht gewährt und unterstützt, das sich völlig verschlossen gegenüber Menschenrechten zeigt und das das Zentrum der weltweiten Opiumproduktion ist, wirkt destabilisierend auf die gesamte Region und gefährdet die Sicherheit seiner Nachbarn nachhaltig. Zudem besteht die Gefahr, dass ein radikal islamisches Regime auf andere islamische Staaten ausstrahlt, dort Antimodernisierungstendenzen, Ablehnung und Gewaltbereitschaft gegenüber dem Westen verstärkt und so ein friedliches Nebeneinander der Kulturen und Religionen erschwert.
Quelle: www.weltpolitik.net

Afghane am Straßenrand >\\\7.FJgEinsKtgt KMNB ISAF_Kabul_CD_1\03_Männer\afghanistan079.jpg

<<<<wie stehen eigentlich die afghanen zu dem ganzen...identifizieren die sich mit bin laden & co?>>>>

<\>>> ich glaubs eigentlich nicht, die masse jedenfalls...die hatten ja über die jahre hinweg mehrere herren...die russen z.b. waren ja in den siebzigern drin....und ich glaube dem einfachen afghanen ist das mittlerweile **shit egal** solang er seine lebensnotwendige versorgung kriegt...die glauben halt an ihren allah.....ich hab mal einen gefragt, der hatte 12 kinder und hat in einem seecontainer gehaust - der da stand, von einem schiff....verfault, verrostet und zusammengeballert...und der sagte auch....wenn allah wollte, dass ich 12 kinder kriege, dann wird allah auch wollen, dass die 12 durchkommen, wenn allah das nicht will, dann kommen sie halt nicht durch.....also das ist bei dem ganz einfachen volk so, bei dem ganz ärmlichen...für unsere verhältnisse ärmliches....**visuell gesehen**....obwohl es denen ja besser geht als uns...weil die haben keinen druck. die müssen nicht samstags um vier die straße fegen, wenn der nachbar fegt...nun ja, das ist doch so....die leben einfach freier...die setzen sich irgendwo hin, halten ihren smalltalk, trinken ihren tee.........die haben keinen druck....und sind trotzdem schaffig, sag ich mal, weil die haben nicht diese erwartungshaltung wie andere, wie wir....wir deutschen oder europäer haben ja nur punkte, die wir erfüllen müssen, weil es

„Ungläubige". +++ 6.11.2001 +++ Die Taliban erschweren die Militäraktion der USA in Afghanistan in zunehmendem Maße, indem sie ihre Unterkünfte verlassen und in Wohn-

äußerlicher -Ruhe endeten schließlich 1973, als ein Cousin Sahir Schahs, Mohammed Daud, den König absetzte, aus dem Land vertrieb und die „Republik Afghanistan" ausrief. 1978 kam Daud bei einem gewaltsamen Staatsstreich durch linksextreme Kräfte zu Tode. Die Putschisten setzten die Verfassung des Landes außer Kraft und begannen mit der Umsetzung ihres politischen Programmes des so genannten „Wissenschaftlichen Sozialismus". Die neuen Machthaber stießen auf massiven Widerstand weiter Teile der afghanischen Bevölkerung und riefen schließlich, als sie den bewaffneten Aufstand der muslmischen Bevölkerung

1999 befanden sich etwa 90 Prozent des Staatsgebietes unter Kontrolle der Taliban. Die verbliebenen Gebiete im Nordosten des Landes konnte die so genannte „Nordallianz", ein Zweckbündnis verschiedener Mujaheddin-Gruppen, unter ihrem Führer Ahmed Schah Massud behaupten.

Nachdem die Taliban von der Zivilbevölkerung anfangs als den Bürgerkrieg überwindende Ordnungsmacht begrüßt worden waren, zeigte sich bald, dass ihre Herrschaft von Repressionen, besonders gegen Frauen und ethnische oder religiöse Minderheiten, geprägt war. Zudem bildete die patschunisch dominierte, radikal-islamische Taliban-Regierung systematisch islamistische Kämpfer aus und kooperierte mit terroristischen Organisationen wie Al-Quaida. Auch waren die Taliban über die Vorbereitung der Terroranschläge des 11. September, die zum Teil auf afghanischem Staatsgebiet durchgeführt wurde, informiert. Von Seiten der damaligen Regierung wurden allerdings keinerlei Maßnahmen gegen diese terroristischen Machenschaften ergriffen. Vielmehr gewährten die Taliban Al Quaida wohlwollend Unterschlupf.
Mit Beginn der von den Vereinigten Staaten geführten Militäroperation „Enduring Freedom" am 7.10.2001 gingen auch die Truppen der Nordallianz in die Offensive über. Ohne ihren am 9.09.2001 von den Taliban getöteten Führer Massud konnte die Nordallianz dank massiver Unterstützung amerikanischer und britischer Streitkräfte rasche militärische Erfolge erzielen.

darf ja nicht sein, was nicht sein darf...was denkt der nachbar über mich oder was weiß ich...wenn ich mein auto nicht gewaschen hab und es ist versifft... da haben die meisten deutschen ein **problem** damit, ja und dann geht er sein auto waschen....oder einkaufen pünktlich um acht, danach daheim aufräumen, samstags in die badewanne, dann was weiß ich von acht bis viertel neun ein bißchen sex, weil dann schon wieder der spielfilm kommt. dann endlich mal um neun auf dem sofa einschlafen, weil man totgeschafft ist von der ganzen woche. kinder sind auch im bett, dann kriegt man noch ein bißchen knatsch und dann wars das.....das haben die alles nicht. die laufen zwar noch immer rum mit ihren kutten....und haben einen leckeren tee....und ansich ein **schöneres leben**...ein authentischeres, viel authentischer....
die kinder...die **spielzeuge**, die ich gesehen hab...die nageln halt ein stück holz zusammen, montieren vier räder drauf, oder basteln einen drachen mit irgendwas und mit dem spielen die ewig und da siehst du dann auch das lachen teilweise was man bei unseren kindern nicht sieht. wenn ich meinen kindern einen rechner gekauft hab mit einem gigahertz....mensch papa, das hätt auch ein dreier sein können....ja das ist ganz anders....ich werfe tonnenweise spielzeug weg, wenn ich mal wieder das haus entrümpelt hab, also über die ganzen jahre gesehen.....wo die schon froh wären, wenn sie zwei legosteine hätten.
aber das kann man unseren kindern nicht vorhalten, weil die sind ja so aufgewachsen, da sind wir ja selber schuld. die sind in das **system** reingewachsen. ob das weihnachten oder ostern ist, es müssen ja immer riesengeschenke sein, das gabs früher alles nicht. bei uns hats früher ostereier gegeben und das wars....wir haben unsere kinder zu dem gemacht was sie sind..<< <>

Stadtverkehr >\\\7.FJgEinsKtgt KMNB ISAF_Kabul_CD_1\11_Stadt und Verkehr\afghanistan050.jpg

Nach dem Einsatz >\\\privatarchiv\zuhause\IM001154sw.jpg

gebiete, Kulturzentren oder Moscheen ziehen und ganze Dörfer als „menschliche Schutzschilde" benutzen. +++ 17.11.2001 +++ UN-Generalsekretär Kofi Annan warnt die

<\>mit handschlag von höchster stelle verabschiedet

und empfangen nach einem mehrmonatigem einsatz...
angetreten im militärischen teil des jeweiligen flughafen...........
hinterm zaun stehend die famile......
tausend gefühle.......
ein jeden durchfahren.......
die worte der **begrüssung** keiner wahrnimmt.......
man fiebert nur entlassen zu werden...
seine familie in den arm zu nehmen,...........
wieder hier zu sein......
doch leider sooft sich die **normalität** einschleicht.............
keine zeit zum luft holen...
zum verarbeiten des durchlebten......
die normalität des bürgerlichen alltages einen fest umklammert.............
die neugier der anderen zu hause, der nachbarn,
ja sogar von menschen auf der strasse, die man früher nur flüchtig grüsste...
..................fragend vor einem stehen..........
wie wars, was hast du erlebt.............
diese fragen einem bald **überdrüssig** werden...........
da selbst noch in der phase....
das erlebte und das jetzt bürgerliche auf eine schiene zu bekommen.......
keine möglichkeit des **zurückziehens**..........

die begrifflichkeit einsatz kann man wenden, betrachten wie man will,
entbehrung......
herausforderung......
trennung......
berufliche höchste zufriedenheit.......
ein aufwiegen des positiven und des negativen.....
wird wohl auf beiden seiten immer wieder unterschiedlich gewichtet.......
drum möge jeder diese begrifflichkeit „einsatz" für sich bewerten..............
doch sollte er versuchen sich hineinzuversetzen.....
und nicht oberflächlich zu antworten....
gefühle, ängste zulassen, bewerten, abwägen......
einfach offen und ehrlich zu sich sein.....
meine zwei welten..................................<>

Gefahrenhinweisschild >\\afghanistan020514_1527\minen\IMG_01mod.jpg

Was kann den Soldaten im schlimmsten Fall passieren, wenn nicht rechtzeitig erkannt wird, dass sie psychologische **Hilfe** brauchen?

„Wir sprechen dabei von posttraumatischen Belastungsstörungen. Das kann zum Beispiel bedeuten, dass man für längere Zeit oder auch dauerhaft an **Schlaflosigkeit** leidet. Im Extremfall kann es auch zu **Psychotraumata** kommen, sogar zu Depressionen und in letzter Konsequenz ist auch **Selbstmord** nicht auszuschließen.“

siegreiche afghanische Nordallianz vor einer eigenmächtigen Regierungsbildung. Präsident Burhanuddin Rabbani, der am Tag zuvor nach Kabul zurückgekehrt war und sich

gerade berührt
von einem bild aus vergangenen tagen,
das zwar in meinen gedanken
einen wesentlichen bestandteil der erinnerungen nahm ein, aber ich bis heute nicht wusste das es festgehalten
wurde im bild, dass der moment eingefangen wurde....bis ich es heute nach all den jahren dank simone erblicken und bestaunen durfte.....
vielen dank...........**ich, der soldat, der harte, der unscheinbare**......**der in sekundenschnelle entscheiden muß**.......
jetzt in den gedanken in dem erlebten........das bild das mich so berührte in diesem augenblick,
das ich sah eben und hier in diesem augenblick....ich nun will es nun versuchen in worte fassen....

was sind worte.........

was bedeuten sie...................

was können sie wiedergeben................

sind sie begleitend.............
oder eher irreführend.............

es sind meine worte, meine gefühle, meine empfindungen............
eben nur mein leben........**mein leben für das ich sterben würde,**
für das ich mein i c h geben würde........
mein nur so kleines i c h............................

.....das bild das mich so bewegte und noch immer bewegt...............
.........meine zeit des vergessens finde ich in meinem trompetenspiel
bisher habe ich es noch keinem zugemutet, meinen tönen zu lauschen....
ich spielte nur für mich.....und nur für mich.....denn bis heute spiele
ich nach dem gehör.......kenne keine einzige note in der tonleiter......
ja und nun stand ich da in afghanistan...........und traf eine person,
ein mensch mit **gefühl und herz**..............**weltoffen**..........
ich werde die begebenheit nie vergessen, als dieser mensch mich an
meinem 39. geburtstag morgens in meinem doch so einfachen zelt
besuchte.............als ich geweckt wurde, morgens mit schwerem kopf
weil ich es mir erlaubte für mich zu feiern, weil ich frei hatte...
weil es mein geburtstag war.........weil dies ein kleiner abschnitt in
meinem leben war...ja da stand er nun in seiner uniform....als erster
gratulant....es war unser pfarrer.......wir unterhielten uns über dies
und jenes.....und keine ahnung wie es kam.....unser gespräch, unser
pflichtgespräch........fasste die thematik frauen auf.......im laufe
unserer gesprächsführung sagte ich zu ihm, zum glück gehörst du dem
evangelischen club an, weil du darfst ja........
oh je.....ich traf in dem moment mit beiden füssen in das grösste
fettnäpfchen das ich je in meinem leben fand....vor mir stand der
katholische pfarrer und mir war es nicht bewusst...........

und er war so ein geiler typ.........**unser pfarrer pützer**...........

Militärpfarrer Georg Pützer beim sonntäglichen Feldgottesdienst >\\\afghanistan020514_1527\MilSeelsorge\seelsorge07.jpg

.......er konnte **seelsorge schenken** ohne aufdringlich zu sein......................er konnte **trösten ohne worte**........
kameraden, in spätem alter schon längst vom glauben abgetan.....ließen sich taufen und kehrten bewusst zum glauben zurück...
.......ob nachts ins camp müde zurückkehrt, ob tot und verwundung erblickt, er **fand immer die richtigen worte**........
.....und sei es nur, dass er stillschweigend mit dem sixpack unter dem arm erschien.......

ich fragte ihn, ich weiss es noch wie heute, als wäre es eben jetzt geschehen................**warum wurdest du pfarrer**...er entgegenete mir.......ich war nicht immer pfarrer mit 30 erst habe ich theologie studiert...zuvor habe ich musik mit abschluss studiert...nur hätte er es satt nachts immer um seine bettdecke zu kämpfen.....dies war seine erklärung seiner berufung.....ich vermutete, dass es nur seine begründung, seine theorie war, nie fragte ich nach dem wahren grund........hätte mich auch nie getraut........es war eben unser pfarrer....den wir **liebten und verehrten**.......**einer von uns eben**.....ja und so kam die geburtstunde unserer band......als bandleader und notenkritzler unser pfarrer in vorderster front......
ich war dabei der trompeter, oh je was habe ich da angezettelt......nur mit einer trompete und dem studierten bandleader, zaubert man noch lange keinen geilen sound dem hindukusch entgegen.......wir rührten die werbetrommel heftig an in unserem camp, einige kameraden hörten von der idee und fanden sie ebenfalls mega genial....über den pfarrer wurden die instrumente teilweise leihweise über deutschland beschafft....die erste probe rückte näher.....viel zu lange lag meine trompete in der ecke, mein ansatz war total im keller, aber unser wille war unzerbrechlich, dass wir irgendwann im camp auftreten werden.....und dies noch zusammen mit dem bereits bestehenden chor....unsere kunst entwickelte sich. erste kleine kostproben gab es während den sonntäglichen feldlagergottesdiensten.... kirchenmusik die hölle, stur im takt zu bleiben, **kein improvisieren** möglich......zu deutsch - für so einen laien wie mich - die hölle - die sonntäglichen feldlagergottesdienste waren für uns schon ein muss, weil es einfach tierisch spass machte, einem jeden von uns.............. wir bauten den altar gemeinsam auf.........kosteten von dem wein, der für die messe vorgesehen war.....zur abwechslung durften wir auch einige songs von udo jürgens während der messe spielen oder meinen lieblings-song new york new york...................unser bandleader wusste schon wie er uns bei der stange hält.....es war **jedesmal unbeschreiblich**........... ein lied werde ich auch nie vergessen, ein irisches lied, in unserem katholischen liederbuch, es fehlte jedoch eine strophe..................... doch genau diese strophe spielten wir wohl **besonders gerne**................ die strophe wurde kopiert und alltäglich sonntag morgens während der messe ausgeteilt........... ...der wunsch schon längst 100 jahre in der hölle zu sein bevor es der teufel je bemerkt................................. ....wurde in dieser besagten strophe besungen..................

...gänsehaut...

uns überzog bei dem stück ...

ich bete an die macht der liebe...

unbeschreiblich der moment wenn **gefühle zu tönen werden**......und alles ringsum verstummt....und halt inne.....nun wurden wir zu einem festen bestandteil.....sofern unser dienst es uns erlaubte, spielten wir bei allen feldgottesdiensten, gleich welcher nation im camp - wenn wir gefragt wurden......unser bandleader hatte das richtige gespür für die songs die er uns schrieb. **vielen dank** lieber pfarrer und mega bandleader.

Gesendet: Donnerstag, 15. Januar 2004 19:45
An: Uwe
Betreff: Hallo Schatz,

Hallo Schatz,

vielen Dank für deine Mail,
ich habe mich sehr darüber gefreut.
Die Kinder blockieren den PC,

nun bin ich mal dran.

Ich schmeisse die Kinder ins Bett
und schreibe dir dann wieder einen Brief.

(Wenn ich jetzt mehr schreibe gibt es keinen allzu großen Brief mehr)

Von: uwe [uwe.d@lycos.de]
Gesendet: Samstag, 17. Januar 2004 12:48
An: ‚heidi'

Betreff: AW: Hallo Schatz,

Hallo Knudel,

Ja jetzt ist nach unserer Zeit 20.53 Uhr wir waren bei der kroatischen MP eingeladen, aber ich habe mich nach dem Essen verdrückt, nun sitze ich alleine im Zimmer und schreibe dir noch einige Zeilen.

Wahrscheinlich werde ich gleich die alten Bilder von uns durchwälzen und deinen Brief wie alltäglich bereits wiederum nächtlich durchlesen.

Anrufen davor habe ich immer noch **Schiss**, mein Handy ist mittlerweile wieder an, wenn ich weg war im Stab oder so schau ich immer darauf ob du mich angerufen hast, ja echt komisch, **du fehlst mir so sehr**. Schade, dass ich heute nicht noch diese Email an dich senden kann, aber das Internetkaffee macht gleich zu. Dann werden dich diese meine Zeilen erst morgen erreichen. Gestern war ich schon um 20.00 Uhr im Bett, aber ich habe echt unruhig geschlafen.

Auch da war mein Handy an, vielleicht habe ich insgeheim auf einen Anruf von dir gewartet.

Demnächst werde ich einen Antrag starten, damit wir auch einen Internetanschluß ins Zelt bekommen, damit ich dir auch nach Dienst meine Zeilen senden kann. Denn wenn du dich genauso freust wie ich, wenn ich eine Nachricht von Dir erhalte dann, weiß ich wie das ist. Ich hoffe Dir geht es gut und du bist mir nicht böse, denn ich liebe Dich so unbeschreiblich sehr und bin froh dass ich dich habe, was würde ich denn ohne dich anfangen. Auch wenn ich oft so **brummelig** und komisch bin sei gewiss, ich liebe nur dich.

Du **bist alles** was ich mir ersehne und erhoffe.

Ja, nun genug mit meinen Wünschen und Sehnsüchten denn du hast bestimmt **ganz andere Sorgen**.

Meine Knudel ich wünsche Dir eine gute Nacht, ich denke ganz fest an Dich auch wenn ich so weit weg bin.

Wenn ich gleich mich in mein kaltes Bett begebe, dann nehme ich dein großes rotes Herz und schmiege ich ganz fest hinein, nur schade dass es nicht mehr duftet nach meinem Knudel.

Ich träume von uns und erhoffe mir eine Zeit in der wir uns nicht mehr gemeinsam verletzten sondern nur noch gemeinsam glücklich durch die gemeinsamen Zeiten schweben.

In diesem Sinne mein Knudel wünsch ich dir alles Liebe und schicke dir meine über alles geliebte Süße tausend Küsse.

In Liebe auf ewig dein Uwe, der fast **Gefahr** lief dich zu verlieren, weil er dich so liebt und drum zugleich deswegen so empfindlich reagiert.

Das Bild das ich einfügte war vom damaligen Heimflug, mit Sehnsucht erwarte ich schon wieder diesen Tag.

Wenn ich des öfteren täglich im Stab zutun habe um meine Ausrüstung zu erhalten oder zu beantragen oder um sie mir zu **erkämpfen**, bekomme ich natürlich von den Dortigen immer einige Clips, drum füge ich dir noch einen bei, um dich etwas zu **erheitern**.

Ich hoffe du konntest gestern meine Anlage öffnen die ich nur für Dich mit viel Liebe erstellte.

Und zum Schluss hab ich noch zwei meiner Lieblingsbilder die ich in meinen Bildschirmschoner aufnahm, den ich dank dir auf dem Laptop einrichtet.
So nun hoffe ich aber, dass dies alles bei dir ankommt.
Bis dann dein dich liebender Uwe

Von: heidi [mailto:heidi.d@freenet.de]

Von: uwe [uwe.d@lycos.de]
Gesendet: Freitag, 23. Januar 2004 17:35
An: ‚heidi'
Betreff: Ich liebe Dich

Hallo lieber Schatz,

vielen Dank für deine Mails, ich bin ganz durch den Wind vor Freude.

Ja wo fang ich an, heute fing der Tag ruhig an so ruhig, dass ich begann dir ein Brief zu schreiben, ic
die Kopfhörer auf und zog ein paar **schnulzige Lieder**
rein, so nennst du doch meine musikalische geschmacksrichtung *grins*
Ja und dann ging es los Telefon Funk, dort hin und
dieses noch, als würde unser Einsatz morgen hier enden.

und als ich so unterwegs war in unserem **Wahnsinnshaus** zugleich Stab genannt,
da habe ich mal bei den Fernmeldern schnell ins Netz geschaut und siehe da, es warten
zwei liebe **Nachrichten** von meinem Knudel.

Ja und dann war der Stress wieder weg und ich war gelöst.

Danke dir für deine Ausführungen in Bezug Fit for fun, euer Motto find ich echt gut, und die Nebenwirku
finde ich natürlich auch mega mäßig genial. Bezüglich der neuen Kraft die du tankst durch deinen abend
lichen Akt habe ich auch einiges im Brief geschrieben, aber dies verrat ich dir jetzt noch nicht. Zeit
Training habe wir natürlich auch, abzureagieren ja dies ist das richtige Wort.
Bisher kam ich noch nicht sooft dazu, denn als KdoFhr im PersSchtz ist man ganz schön gebunden, man mu
anfordern und planen, kämpfen und streiten um jedes Teil, doch ich bin zäh.

Sorry ich war wohl wirr vor Freude und Ungeduld, als ich schrieb ich habe auf deine Mail gewartet. De
ich las deinen Satz: „So mein Schatz nun muss ich einkaufen, dann suche ich dir deinen Chip, damit du
wieder grantig wirst, und schicke ihn dir heute Mittag."
So, mein Schatz ich suche dir eine CLIP damit du nicht wieder grantig wirst und schicke ihn dir
heute Mittag zu.

Ja ich las CLIP und nicht Chip **Ich liebe dich eine ganz dickes Bussi**

Mit zuschicken dachte ich Clip mit Email schicken.
Habe mir schon den Kopf zerbrochen,
ob du jetzt die neue Clipsucherin im Internet wurdest
und der PC jetzt auch schon total beherrschst.
Sorry, ich war zu schnellschlüssig als ich deine Zeilen las,
vermutlich war es die Freude, eine Nachricht von dir noch mal zu erhalten. **Nochmals sorry**

Ja den Chip brauche auch wirklich zum abspeichern, ab du hast auch recht mit deiner Vermutung, dass da
Bilder von uns drauf sind.
Ich gebe zu, es war auch ein Grund mit, ich traute mich mal wieder nicht, dir das zu sagen, dumm ich w
Die anderen Bilder von dir, Schützenhaus, Geburtstag und den Kindern habe ich alle schon in meinem Bi
schirmschoner untergebracht, so sehe ich die rund um die Uhr wenn ich arbeite.
Und diese, unsere Bilder sind für mich wenn ich abends so alleine in der Stube sitze und an dich denke
Bist du mir böse, weil ich vielleicht nicht so offen war, du fehlst mir halt so unbeschreiblich sehr,
Ich dachte mir, wenn ich dann so durch unsere gemeinsamen schönen Stunde schwebe, dann fällt mir die
nung vielleicht etwas leichter.
Ich möchte dich halt spüren, ganz nah bei dir sein, doch dies ist mir nicht vergönnt, denn ich muss hi
meinen Job erledigen. Drum versuch mich bitte zu verstehen, wenn ich dies mir so sehr wünsche, denn es
wunderschön dich dann nur so anzusehen. Mein Traum bist nur Du ganz allein. Lieber Knudel, mach dir ke
Sorgen um mich, mir geht es gut, denn ich habe dir **versprochen**, dass ich aufpasse auf mich und
ist nicht nur ein leerer Satz, denn ich will noch genießen die vielen Stunden mit dir zusammen, denn s
viele haben wir schon sinnlos vergeudet. Ich glaube deine schlechte Nacht, lag am Vollmond dieser Nach
Ja unsere Anna der kleine Dickkopf, woher sie dies wohl hat. Harmonie im Hause D*****, ja ich werde ve
rückt, was für ein Glück, freut mich riesig für dich. Was kleine Dinge im Leben doch so alles bewirken
was für ein Glück, denn mein lieber Knudel, hat endlich erkannt welch doller Kerl sie ist, sie ist sto
sich und dies macht mich unbeschreiblich glücklich. Lieber Knudel ich bin so stolz auf dich, dies ist
richtige Einstellung mach weiter so. Mein lieber Knudel, du bist ne Wucht. Danke für alles, deine posi
Energie, die du mir mit diesen Zeilen gesendet hast, die machen mich so stark, für diese hier vielen D
Ich wünsche mir nichts sehnlicher als dich bald wieder fest in den Armen zu halten. So nun muss ich w
was arbeiten denn ich vergaß vor glücklich sein die Zeit, doch dies tat so gut. Ich wünsche dir eine

Von: uwe [uwe.d@lycos.de]
Gesendet: Sonntag, 25. Januar 2004 18:03
An: ‚heidi'
Betreff: AW: Echt scharfe Bilder

Hallo Knudel,

danke für deine Mail.

Keine Angst, mit dem Sport übertreibe ich es bestimmt
nicht, denn ich muss ja auch noch was arbeiten.
Das Bild ist schon echt da hat keiner nachgeholfen, ich
hoffe du erkennst doch noch deinen eigenen Mann und die
Kinder ihren Vater *grins*.

Ja morgen geht's wieder ab bis zum 30.01.04 haben wir volles
Programm, von morgens bis spät in die Nacht.
Kinder schmeißen dich aus dem Zimmer,
Erwachsenen-Freier Fernsehabend, ja und du
ganz alleine im Wohnzimmer,
freiwählbares Fernsehprogramm, ist doch super oder?
da gab es doch bestimmt im dritten
die LÄMMLE oder nicht?
So nun muss ich aber los, damit die Mails noch weg gehen.

<\>worte wie........du hast dich verändert..........**lassen nicht unberührt**.....

man wird stiller und sucht das veränderte, doch man findet es nicht....

vermutlich ist es nur für die anderen existent.......

nach meiner rückkehr war wochenlang nur der platz auf dem beifahrersitz im auto für mich da........

warum sollte es auch anders sein, ich war ja die monate zuvor nicht da.....

es gibt kein zurückdrehen..........

keine normalität.......kein unverändert sein.......

nur gestehen wir es uns ein.......wollen wir uns es eingestehen...........

irgendwann wurde der einsatz zur normalität.....als ginge man morgens zur arbeit......

nur mit dem unterschied, dass man erst nach monaten zurückkehrt........

........**gefühle wurden unterdrückt**...........**man sprach sie einfach nicht aus**.............hätte es was geändert?........

manche von uns haben tausende von mark vertelefoniert................

der drang des helfens........blieb nur ein drang........den von nur gut gemeinten ratschlägen.........

keine wirkliche hilfe in sicht über die monate der trennung hinweg....

.....erlebt wie beziehungen und partnerschaften **zerbrechen**.....

..............gleich welcher lebensgemeinschaft und alters.........

ich spreche von den zwei welten die aufeinander treffen.......................

die worte die sich treffen in der endlosen leitung, die sich nur kreuzen aber nie verstehen oder ergänzen.............................

weil das hier und das dort doch so verschieden.....

.....gefühle in worte fassen so oft gescheitert...

..............mimik und gestik.... ....kann man nicht beschreiben, man muss sie erblicken

..............um sie zu verstehen...

.........kleinigkeiten so oft zum streitpunkt.........in den kreuzenden leitungen der telefonie...............

nicht wahrnehmen können wie ist der andere an dem einen ende der leitung drauf...................

es klingelt ins nichts hinein

zu verschweigen durchlebtes um nicht für unruhe zu sorgen auf beiden seite

nicht erzählen, dass gestern mal wieder sich die kids im spiel verletzt haben.........

....dass die fahrt ins krankenhaus die hölle war.......................

oder für sich behalten, dass morgen ein einsatz bevorsteht, der nicht alltäglich ist..........

....**der fragen**.......**gefühle aufwirft**...........

wieder als Staatsoberhaupt Afghanistans einsetzen ließ, fordert Annan auf, eine Beteiligung aller Volksgruppen an einer künftigen Regierung zu ermöglichen. +++ 18.11.2001

meine zwei welten.....

kann man es besser umschreiben?...<>

Verabschiedung der Kroatischen MP, Februar 2004 >\\\privatarchiv sonstige\Feb04 024mod.jpg

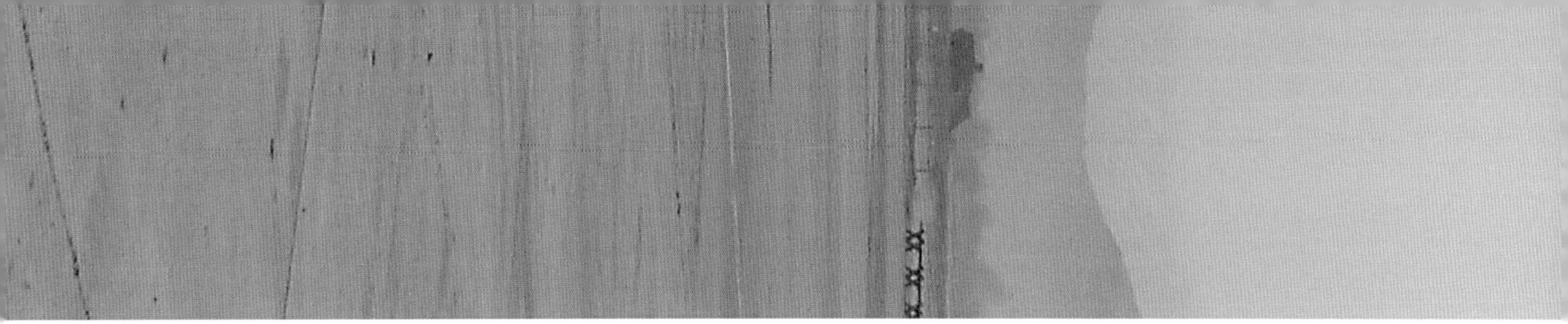

+++ In Kabul nimmt das afghanische Fernsehen nach fünf Jahren Zwangspause den Sendebetrieb wieder auf. Die Nachrichten werden von einem Mann und einer Frau verlesen.

Die verfassungsrechtliche Zulässigkeit der Einsätze nach Maßgabe des Artikel 24 Abs. 2 Grundgesetz, hat das Urteil des Bundesverfassungsgerichts vom 12. Juli 1994 geklärt. Darüber hinaus enthält dieses Urteil die Grundlegung für den Parlamentsvorbehalt für den Einsatz bewaffneter deutscher Streitkräfte im Ausland.

Im Schrifttum ist umstritten, ob dieser Vorbehalt durch das Urteil nur explizit klargestellt oder in extensiver Auslegung der Verfassung erst durch das Gericht eingeführt wurde.

1999 hat die Bundeswehr mit der Luftwaffe im Rahmen der NATO-Operation ALLIED FORCE mit etwa 500 Einsätzen zum ersten Mal in der Geschichte der Bundesrepublik Deutschland an einem verfassungsmäßig und völkerrechtlich umstrittenen Krieg – dem Krieg gegen Jugoslawien – teilgenommen. Die völkerrechtliche Grundlage für den Einsatz war in der Fachdiskussion stark umstritten. Überwiegend wurde die Intervention von den verantwortenden Politikern als „humanitäre Intervention" bezeichnet und in der Hinsicht als gerechtfertigt angesehen. Die Legitimation der Beteiligung stützte sich besonders auf geheimdienstliche Informationen, die bei Kriegseintritt als fragwürdig galten. Die Teilnahme deutscher Streitkräfte an der Operation konnte bei Annahme des Rechtfertigungskonstruktes als verfassungsrechtlich zulässig angesehen werden: Es lag kein Angriffskrieg im Sinne des Art. 26 GG vor und die Teilnahme erfolgte im Rahmen eines Systems gegenseitiger und kollektiver Sicherheit, wie Art. 24 Abs. 2 GG es verlangt. Wird die Begründung der „humanitären Intervention" nicht geteilt, stellte die NATO-Intervention völkerrechtlich einen Angriffskrieg dar, wodurch die Beteiligung der BRD verfassungsrechtlich unzulässig war. Es schloss sich diesem Einsatz eine Beteiligung an der KFOR-Mission zum Schutz der Bevölkerung und der im Land tätigen Hilfsorganisationen an. Der Einsatz der internationalen Sicherheitspräsenz KFOR fußte von Anfang an auf einer Resolution des Sicherheitsrates (1244 (1999)).

Seit 2001 ist die Bundeswehr unter der Führung des Einsatzführungskommandos auch im Rahmen der Antiterrorkoalition eingesetzt. Ein Marinekontingent überwacht, abgestützt auf Dschibuti, das Seegebiet am Horn von Afrika; außerdem ist die Marine an entsprechenden NATO-Operationen im Mittelmeer beteiligt. Ein Heereskontingent ist in Afghanistan im Rahmen von ISAF aktiv und schützt seit11.2003 im Rahmen der Bildung eines regionalen Aufbauteams den Handel der Stadt Kunduz und Demilitarisierungsprogramme wie DDR (Disarmament, Demobilization and Restauration). Auch die übrigen Teile der Bundeswehr sind an diesen Operationen unterstützend beteiligt. Im Irak sind derzeit keine Soldaten der Bundeswehr eingesetzt, bilden jedoch in Kuwait und den Vereinigten Arabischen Emiraten Polizei- und Milizkräfte der neuen irakischen Sicherheitskräfte aus.

Um der Gefallenen dieser Einsätze zu gedenken, bestehen in den Einsatzländern Ehrenmale der Bundeswehr. Auch gibt es Vorschläge, ein zentrales Denkmal in Berlin zu errichten. Quelle: www.wikipedia.de

<\>sichtliche veränderungen nach den einsätzen.................
veränderungen die man selbst wahrnimmt oder die durch andere wahrgenommen
werden.........veränderungen die man sich eingesteht oder vehement verdrängt..........
veränderungen an dem doch so wehleidigen und **wohlgehüteten** eigenen ich............
über nacht von der einen welt in die andere welt mit dem flugzeug katapultiert..........
nichts ist sehnlicher nach abschluss des einsatzes erwünscht, als sicher in
deutschland auf irgendeinem militärflughafen zu landen und endlich wieder den
heimischen boden unter den füssen zu spüren..........
das gefühl zu verspüren, gesund an körper und geist heimgekehrt zu sein, ist unbeschreiblich...
man kann es nur durchleben.............
vieles man wahrnimmt in einer geschwindigkeit eines vorbeirauschenden ice's, informationen prasseln auf einen nieder.......
getuscheltes wird zum schier unaushaltbaren ohrgetöse.....zahlen, fakten nicht sofort einordenbar.....
zu schnell manchmal der wechsel von dem dort nach hier.............**müdigkeit** macht sich breit........
der körper verspürt normalität........sicheres umfeld.....................
der körper fordert sein soll zurück, er fordert es nicht nur ein......er nimmt es sich einfach.....
das **uhrwerk** mensch, das meist so rund all die monate lief....
oft an die höchstgrenze der belastung ohne erkennbaren zeichen herangeführt.....oder auf dauer gehalten.......
bricht **zwangsläufig** ein........die abwehrsysteme erlahmen................
man möchte sich zurückziehen.............doch die neue welt jetzt ebenfalls fordert ihr soll.........
zwiespälte tun sich im inneren auf.................
man versucht allen gerecht zu werden und mäkelt weiter an dem eigenen ich zum nachteil für sich selbst herum..............
die **stille**, die einsamkeit so ein wunderbarer ort der **zuflucht**.........
für das in sich gehen.......
für das reflektieren des vergangenen............
für das jetzt und hier..................
meist flüchtete ich mit meinem hund in die wälder und durchstreifte diese stille und lauschte der natur.......
in gedanken vertieft, machmal auch fast geistig abwesend,
weil die gedanken noch unentwegt schweben in dem erlebten....................
für sekunden alles **vergessen**.................
zu sich zu kommen, sich besinnen......wo bin ich eigentlich........
die ausschau nach dem hund, der aus dem blickwinkel verschwand.............

hallo du da......
sich **wachrütteln**...............
dem hund....der spielen will fern ab vom weg....für mehrere tage nicht zu folgen, aus dem instinkt heraus.......ohne zu wissen warum.......

sich erst später **bewusst werden** jedesmal aufs neue..........
die wege in unseren wäldern sind nicht mit minen gepflastert, ein abweichen durchaus erlaubt.........und auch gewollt.........
doch zu tief noch in einem verborgen, die grundsätze der vergangenen monate im einsatzland.....
ein wichtiger grundsatz im einsatz bezüglich der latenten minengefahr:

verlasse nie die festen wege...............

ein morgendlicher weckruf durch unseren camp-radiosender in einem meiner einsätze lautete...

+++ 05.12.2001 +++ Nach neun Tagen Verhandlungsdauer einigen sich die Teilnehmer der Afghanistan-Konferenz der Vereinten Nationen auf eine Übergangsregierung für

wer suchet der findet.........

wer drauf tritt verschwindet.............

mag sein, dass es für einen
aussenstehenden recht **makaber** klingt......
doch es vergegenwärtigte uns
jeden tag aufs neue die minengefahr.......
es bedarf meist tage oder wochen für sich
selbst, diese doch so verschiedenen
welten in einklang zu bringen...........
aggressivität, wie meist vermutet durch
aussenstehende...........
ist nicht gegenwärtig...........
die eingliederung im strassenverkehr
..........sofort wieder **normalität**...........
erlebte reibereien im alltäglichen
.......................zum beispiel an der
kasse eines supermarktes
.......................wirken eher **befremdlich**
und werden lächelnd reflektiert.........

die handfeuerwaffe die einem über die
monate auf schritt und tritt, tag und
nacht begleitet, wird nicht vermisst........
ein **erlösendes gefühl**, dass nichts drückt
und zieht am hosengürtel man nur
verspürt.............
das „danach" kann aber auch oft so
verschieden sein...........
..............es ist nur die frage
ob man selbst ein „zulassen"
sich eingesteht oder nicht........<>

Kriegsschrott, Afghanistan 2003 >\\afghanistan diversell22.jpg

Afghanische Polizisten >\\\afghanistan020514_1527\polizei\062.jpg

vorerst sechs Monate mit dem Paschtunenführer Hamid Karzai an der Spitze und unterzeichnen ein Abkommen zur Neuordnung des Landes. Zum Schutz der neuen Ver

Vor Reisen nach Afghanistan wird dringend gewarnt

Wer trotzdem reist, muss mit einer Gefährdung durch terroristische Anschläge rechnen. In der Hauptstadt Kabul kann es trotz Präsenz der Internationalen Schutztruppe zu Attentaten kommen. Nachts kommt es häufig zu Schießereien und Gewaltverbrechen. In Vororten und Seitenstraßen besteht auch tagsüber die Gefahr von Überfällen.

Im übrigen Land bestehen sogar noch höhere Sicherheitsrisiken. Die Sicherheitskräfte der Regierung sind nicht in der Lage, landesweit Ruhe und Ordnung zu gewährleisten. Insbesondere in südlichen und südöstlichen Provinzen kann es zu politisch motivierten Gewaltakten gegen Ausländer kommen. Auch in den Provinzen Kundus, Baghlan, Takhar und Badakhshan ist die Sicherheitslage angespannt. Bei Fahrten über die Stadtgrenzen von Kundus und Faisabad hinaus wird dringend empfohlen, vorab mit den dortigen Wiederaufbauteams (PRT= Provincial Reconstruction Team) Kontakt aufzunehmen.

Allen Deutschen vor Ort wird zu größtmöglicher Vorsicht geraten. Dieses gilt vor allem bei Überlandfahrten, die nach Möglichkeit nur in Begleitung bewaffneter afghanischer Wächter durchgeführt werden sollten. Es wird davor gewarnt, auf ungesicherten Plätzen zu übernachten.

In weiten Landesteilen besteht keine medizinische Versorgung. Malaria ist besonders im Süden des Landes verbreitet. In Kabul treten zunehmend Fälle von Cholera auf. Eine Impfprophylaxe ist derzeit nicht erforderlich. Ein wirksamer und sehr effektiver Schutz besteht im Vermeiden von Erregerkontakten. Dies erreicht man durch strikte Lebensmittel- und Trinkwasserhygiene. Wichtigste Vorbeugemaßnahme: „Cook it, boil it, peel it or forget it!". Nie (!) Wasser unabgekocht trinken.

Reisewarnung für Afghanistan Auswärtiges Amt
Stand 16.07.2006 (Unverändert gültig seit: 13.02.2006)

Bli k auf die „Burg", Sonthofen 2006 >\\simone_pics_kaserne_2006\IMG_7459sw.jpg

<\>abschliessende worte zu finden......für die zurückliegende einsätze..................

...ein resumé..........sich zu fragen, waren es all die entbehrungen wert?....

.........um das sich zu verändern stillschweigend in kauf zu nehmen........

möchte man das erlebte vergessen oder aufarbeiten, oder voller stolz erzählen?

....ja......meine damals so banalen notizen, die jetzt von tag zu tag mehr als nur banal auf mich reflektieren

ich möchte dem leser oder der leserin die freiheit einräumen für sich selber zu empfinden, zu urteilen

.....über das erlebte und durchlebte............

............die worte, die zeilen und die bilder, die machmal mehr als tausend worte wiedergeben....

.......auf sich wirken zu lassen wenn die zeit oder das empfinden es verlangt.....

.........sich selbst ein bild, einen überblick zu verschaffen von den zwei welten...............................

manchmal **g l a s k l a r** und machmal **v e r n e b e l t**

gemäß meinen notizen, gedanken, empfindungen, bildern zu papier gebracht........

doch nie will ich vergessen.....

dass manch einer von uns in dem land, in dem er seinen dienst verrichtete,

gleichwohl welche persönliche interessen er verfolgte,

...................in seiner aufgabe sein leben ließ...

oder so schwer verwundet wurde, dass er fürs leben gezeichnet war........

die meinungen der leser und leserinnen werden hier wohl eine breite gratwanderung durchleben....

warum er oder sie sein leben gelassen hat.........................

ob nun durch einen heimtückischen - stets zu verachtenden - anschlag,

durch einen verkehrsunfall oder dergleichen....

....................**das fazit wird immer sein, es kostete ganz nüchtern betrachtet das leben**.............................

ob nun soldatinnen oder soldaten gleich welcher nation....

zivile mitarbeiterinnen oder mitarbeiter..........

der zahlreichen hilfsorganisationen......................

.........sie ließen ihr leben für die sache für die sie einstanden......

.................in gedenken an alle diese soldatinnen und soldaten...

wurde auf dem internationalen friedhof in kabul eine gedenktafel angebracht.....

jeder name derer ist einzeln in stein gehauen......

es bedarf keiner worte um die geschichte jedes einzelnen zu erzählen und festzuhalten....

eine schweigeminute........ein blick auf die gedenktafel, ein verharren......

ein in sich gehen spiegelt jede einzelne geschichte wieder....auch ohne kenntnis des geschehenen

um abzuschliessen mit dem tod eines mannes, einer frau, eines lebenspartners, eines vaters.......

wird es den angehörigen ermöglicht - **sofern es die sicherheitslage zulässt** -

den ort zu besuchen in afghanistan....

wo die geschichte ihren lauf nahm, um für sich selber mit dem geschehen abzuschliessen

......................den inneren frieden für sich selbst zu finden......

in meinen einsätzen durchlebte ich einiges......vieles schon in vergessenheit geraten.......

die fragenden gesichter derer, die einen lieben menschen hier in diesem land verloren haben,

als sie an der besagten gedenktafel

in trauer und besinnlichkeit verharrten........werde ich nie vergessen.......

die letzte seite möchte ich all denen menschen schenken, die ihre gesundheit oder gar ihr leben für dieses land gaben....

damit sie alle **nie in vergessenheit geraten**................................

sollen die Vereinten Nationen eine internationale Schutztruppe nach Afghanistan entsenden. +++ 20.12.2001 +++ Der Sicherheitsrat der Vereinten Nationen erteilt das lange

Generalober t Beck-Kaserne, Sonthofen 2006 >\\\simone_pics_kaserne_2006\burg_IMG_5644sw.jpg sollen die Vereinten Nationen eine internationale Schutztruppe nach Afghanistan entsenden. +++ 20.12.2001 +++ Der Sicherheitsrat der Vereinten Nationen erteilt das lange

Nach vielen Stunden Recherche, Sichtung des umfangreichen Bildmaterials, Gesprächen mit Uwe D. und seinen Kameraden, Fotosessions auf der „Burg" und anderswo, zig Kaffeekannen und Zigarettenschachteln, staunen, lachen und Gänsehaut kriegen, zuhören, nachfragen und mitschreiben, ausprobieren, auswählen, aussortieren und revidieren, Drucker verfluchen und müde ins Bett fallen… habe ich einen kleinen Ausschnitt aus dem Leben von Uwe D. kennen gelernt. Er hat mir sehr lebendig, eindrücklich und äußerst offen und ehrlich Einblick hinter seine Sonnenbrille gewährt. Sein Leben wird maßgeblich bestimmt von einer Arbeit, die reichlich abenteuerlich anmutet und genauso kritisch betrachtet werden kann.
Ich danke ihm an dieser Stelle ganz herzlich für die Offenheit, die vielen Stunden Gespräche und die geöffneten Türen, durch die diese Arbeit entstehen konnte.

Mein Dank gilt auch Georg Engels für die Betreuung und besonders für den Tritt in den Hintern, sowie Steffen Kallinowsky, Rolf Müller und Andreas Bohnenstengel, für die unterschiedlichen Betrachtungsweisen zu diesem Thema. Außerdem bedanke ich mich bei Frau Butz, der guten Fee in der Schule für Gestaltung, die immer geduldig für alle Belange der Studenten ein offenes Ohr hat und bei Herrn Schulz, Frau Böhm, Mehdi Kalhor Moghadam und allen anderen, die mit mir in den letzten Wochen wie auch immer zur Seite standen.

Juli 2006

Simone Uetz-Fugel

Personenschutz, Afghanistan 2004 >\\\privatarchiv sonstige\uwe03.jpg

Originalansicht Diplomarbeit „randnotizen" 2006

erwartete, teils umstrittene Mandat für den Einsatz einer Afghanistan-Schutztruppe. Sie kann dabei auch Waffengewalt anwenden. +++ aktuell +++ Das UN-Mandat wurde mit

Epilog

Im Wandel der Zeit verändern sich Dinge. So ist heute die Situation in Afghanistan anders als 2006 und wird übermorgen wieder anders sein. 2002 wurden die ersten Soldaten nach Afghanistan geschickt, in ein Land, das sich vergleichsweise zu unserer technisierten Welt in Lebensweise, Wirtschaft, Politik und Kultur wesentlich unterscheidet.

Die Aufzeichnungen und Erinnerungen von Hauptfeldwebel D. beziehen sich auf seine Auslandseinsätze in Afghanistan 2002 – 2004, respektive seine Einsätze seit 1997 und entstanden als Tagebuch (2002/schwarz) und als Rückblenden (2006/rot). Seither haben sich sicher einige Dinge in den Einsatzländern und bei der Bundeswehr wie Ausrüstung etc. gewandelt.

Doch solange Soldaten Menschen und keine Roboter sind, wird sich eines nicht ändern - die Geschichte zeigt uns, dass Soldatinnen und Soldaten, die in Krisengebieten oder im Krieg zum Einsatz kommen, meist nachhaltig Aufarbeitungprozesse bewältigen müssen. Politische Hintergründe, die Aktualität von Zahlen, Daten und Fakten spielen dabei keine Rolle. Aus diesem Grund wurde der „Stand" der Datenangaben seit 2006 bei der Verlegung des Buches nicht aktualisiert, denn aktueller als die tägliche Presse, Internet etc. kann das Buch niemals sein.

Das Buch soll und kann keine vollständige Dokumentation zu der Geschichte der ISAF sein, vielmehr bietet es dem Leser einen Einblick in die Seele eines Beteiligten.

Uwe, vielen Dank dafür.

Außerdem danke ich den Fotografen Corporal Mark Ballantyne (Royal Logistic Corps), HBF Hartl des Österreichischen Bundesheeres, Claus Liesegang, sowie allen Anderen, deren Bilder in diesem Buch abgebildet sind. Desweiteren danke ich den Soldatinnen und Soldaten, die mit Ihrem Interesse an dem Buch die Veröffentlichung initiiert haben. Ich danke Georg Engels, Steffen Kallinowsky, Rolf Müller, Erika Remund-Jagne, Schweiz, Reinhard Gassner, Austria, Atli Hilmarsson, Andreas Bohnenstengel, Britta Katzmann, Ullabritt Uetz-Böck, Hartmut Happel, Rüdiger Wenk, Diemut Mayer, Brigitte Kell, Ute Salmen, Richard Watt, Dorothea Siegle anderen für reichhaltiges Feedback und Unterstützung sowie Thomas Freiherr von Waldenfels für die Betrachtungsweise einer Klosterschwester.

Mein besonderer Dank gilt der Firma Holzer Druck und Medien Elmar Holzer, Klaus Huber, Alexandra Kohler, Franziska Rappold und dem ganzen Holzer-Team, die mit großem Engagement dieses Buch gefertigt haben. Allen anderen Freunden, Bekannten und Menschen, die zu dem Gelingen dieses Buches beigetragen haben, sage ich an dieser Stelle ebenfalls ganz herzlich Danke.

Simone Uetz
September 2008

Randnotiz eines Randbeteiligten

Ein ungewöhnliches Buch: Der Umschlag ist in Reste einer gebrauchten Camouflage-Uniform eingebunden, im Innern sind Bilder und Texte in unkonventioneller Weise miteinander verwoben; es geht scheinbar kreuz und quer. In den Rahmen gewohnter Buchrezeption – von Bildband bis Belletristik – passt diese Publikation nun wirklich nicht. Trotzdem stellt sich beim Leser nicht Ablehnung oder negative Irritation ein, sondern vor allem Neugier. Und der Wunsch, in die verschiedenen Schichten des Buches nach und nach einzutauchen. Dieses Interesse ist sicher auch dem spekulativen Thema des Buches selbst geschuldet, das hier aber in höchst innovativer Weise – inhaltlich wie gestalterisch – aufbereitet wurde.

Ästhetisch inszenierte, teilweise sehr persönliche Schwarzweißfotos aus der heimischen Welt des portraitierten Soldaten, raue Aufnahmen aus dem Alltag des Auslandseinsatzes, scheinbar touristisch bis klischeehaft anmutende Fotos aus Afghanistan und schließlich Reportagebilder mit teilweise schockierenden Inhalten bilden die vordergründig wirksame und sehr heterogene Bildwelt. Der Rhythmus des Layouts und die eigenwillige aber konsistente – fast ebenso vielschichtige – Textwelt und ihre gekonnte Umsetzung in Typografie halten das Buch überraschenderweise formal strikt zusammen. Die verschiedenen Bild- und Text-Layer erschließen sich dabei aufgrund der herausragenden Gestaltungsleistung beinahe selbstverständlich und fügen sich zu durchgängigen Geschichten innerhalb der Gesamtgeschichte zusammen. Selbst das Drehen des Buches, das dem Leser abverlangt wird, wenn er bestimmte, miteinander in Zusammenhang stehende Inhalte erfassen möchte, passiert intuitiv und wird nicht als Gängelei empfunden.

Die Inszenierung der einzelnen Doppelseiten als Tableaus, im ersten Eindruck noch als collagehaft wahrgenommen, erweist sich bei näherer Betrachtung als meisterhafte gestalterische Leistung der Designerin; hierbei besonders der Umgang mit Freiflächen, der Aufbau von visueller Spannung durch die Anordnung und Entschiedenheit der Bilder, ihre teilweise radikalen Zusammen- und Gegenüberstellungen und das Verweben mit den grafisch sauber codierten, aber komplexen Textwelten. Dass die Bilder zu großen Teilen aus Beständen des Portraitierten stammen, genau so wie viele der Texte, lässt erahnen, welch umfangreiche und konsequente inhaltliche und redaktionelle Arbeit hinter dem vorliegenden Ergebnis und der eigentlichen gestalterischen Arbeit standen.

Diese differenzierte und tief gehende Auseinandersetzung mit den Inhalten und den vorgegebenen oder selbst erstellten Materialien präsentiert sich im fertigen Buch nicht als oberflächliches Sampling, sondern als kühn und präzise entworfene Layout-Architektur, welche die Rezeption von Thema, Bild und Text perfekt und sublim unterstützt. Das Buch spiegelt dabei die innere Zerrissenheit der handelnden Personen, die Zwiespältigkeit der Politik, die Situation der Bevölkerung zwischen Zerstörung und Neubeginn usw. in Layout und Grafik perfekt wider, ohne selbst Chaos zu werden oder zu erzeugen. Im Gegenteil, es offeriert seinen Lesern eine komplexe Ordnung des nicht mehr zu Ordnenden und Einzuordnenden – zumindest in der Ebene des visuell Wahrnehmbaren. Das Kommunikationsergebnis ist: Eindringlichkeit.

Das Buchprojekt von Simone Uetz-Fugel wurde von einer international besetzten Fachkommission als Diplomarbeit im Fachbereich Gestaltung/ Informationsdesign mit der Note sehr gut bewertet.

Ulm 2008

Georg Engels, Braun Engels Gestaltung, Ulm
Betreuender Dozent an der Schule für Gestaltung Ravensburg

Ein Buch über den Krieg in Afghanistan gestalten – als Diplomarbeit?

Man muss kein kritischer Dozent sein, um bei diesem Thema größte Zweifel zu bekommen. Zu oft sind Fotos und persönlichen Notizen über Krieg und Elend nur Material und Gerüst für sachliche bis zynische Distanziertheit oder voyeuristische Scheinbetroffenheit. Alles gut verpackt als Reportage oder Insiderbericht.

Es hatte sich aber schnell gezeigt, dass die Befürchtungen der betreuenden Dozenten und externen Prüfer unbegründet waren. Im Gegenteil – schon im ersten Ansatz hatte sich Simone Uetz-Fugels Arbeit als konzeptionelle Alternative gezeigt, sowohl inhaltlich als auch visuell mit dem Dauerthema „Afghanistan" anders als gewohnt umzugehen.

Uwe D.s Einsatztagebuch, Notizen und Interviewaussagen bilden die unverkünstelte, nüchterne und doch persönliche Sicht eines Soldaten der die Realität vor Ort erlebt hat. Auch wenn es nur ein Ausschnitt ist, wird daraus eine eindringliche Schilderung all der Widersprüche und Probleme dieser Mission, die wir zu Hause nicht erfahren und nur journalistisch geglättet übermittelt bekommen – oder ignorieren, weil wir es gar nicht wissen wollen.

Soldaten bekommen Aufträge, die sie erfüllen sollen. Unter Umständen können und dürfen sie nicht einmal darüber nachdenken. Mit Zweifeln und Fehlern – mit dem was falsch oder richtig ist – müssen sie oft genug alleine klarkommen. Was bleibt ist das Gefühl, mit dem was man erlebt alleine zu bleiben und von der Außenwelt nicht verstanden zu werden.

Hauptfeldwebel D.s Eindrücke visuell gekonnt verschränkt mit Fotos, Hintergrundinformationen und Meldungen der Weltpresse, machen die Dichte des Buches aus. Und erreichen damit auch eine neue Qualität gegenüber all dem – was über das Thema Afghanistan in Bild und Text an uns herankommt.

Weiß der Bundesbürger was diese Mission für den Einzelnen dort bedeutet? Ahnt er es oder will er es gar nicht so genau wissen. Manch einer wird sich beruhigen – Berufssoldaten müssen mit diesem Risiko und den Belastungen leben – eben dem Berufsrisiko. Das müssen Feuerwehrmänner, Polizisten und Bergretter auch.

Und doch gibt es einen Unterschied.

Wenn ein Staat seine uniformierten Bürger in eine risikoreiche Mission schickt, sollte er sie mit dem besten Material ausstatten – eigentlich eine Selbstverständlichkeit und als ihr Arbeitgeber, Teil seiner Fürsorgepflicht. Aber deren physischen und psychischen Belastungen und ihre Folgen der Öffentlichkeit zu kommunizieren und als zwangsläufige Folge einer politischen Entscheidung zu verantworten gehören auch dazu.

Schon deshalb sollten alle die (demnächst) wieder darüber zu entscheiden haben die "randnotizen" lesen.

Erlangen 2008

Steffen Kalinowsky, corporate architects, Erlangen
(Schulleiter 2006 und Mitglied der Prüfungskommision an der Schule für Gestaltung Ravensburg)

„Randnotizen“

Diplomarbeit
Simone Uetz-Fugel
SfG Ravensburg 2006

Betreuender Dozent:
Georg Engels

Vorlagen, Quellen und Fundstücke für dieses Buch:

Texte:
Tagebuchaufzeichnungen HptFw Uwe D. 2002
Interview vom 29.04.06
Diverse persönliche Texte, Aufzeichnungen
eMail-Dateien

Weitere Textquellen:
Broschüren Vorbereitung auf den Einsatz-Stress, nach dem Einsatzstress, während dem Einsatzstress
www.wikipedia.de
www.tagesschau.de
www.zeit.de
www.bundeswehr.de
www.auswärtiges-amt.de
www.50-jahre-bundeswehr.de
www.uni-kassel.de
www.brainstormboard.de
www.kampagne.de
www.deutsche-welle.de
www.weltpolitik.de
www.bits.de
www.afghan-german.de

Bilder:
Fotografie in der Kaserne, Sonthofen: Simone Uetz-Fugel und ca. 30 Foto-CD's mit Bildern aus den Einsätzen 2002-2004 und Familienalben, aufgenommen von Uwe D., Soldaten und Anderen, die vor Ort waren.

Bildquellen

Foto: Urheber unbekannt

Foto: Urheber unbekannt

Foto: Uwe D.

Foto: Claus Liesegang

Foto: Simone Uetz

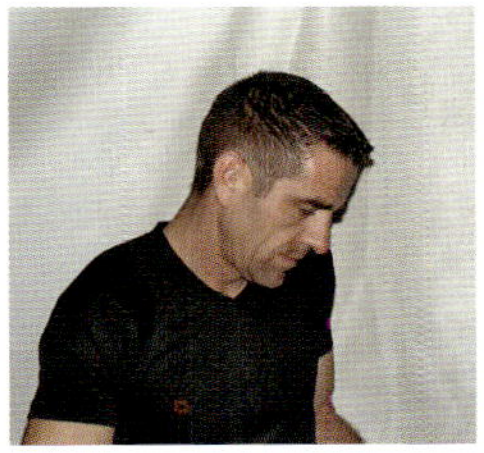
Foto: Stefan L.

Foto: Cpl Mark Ballantyne RLC

Foto: Urheber unbekannt

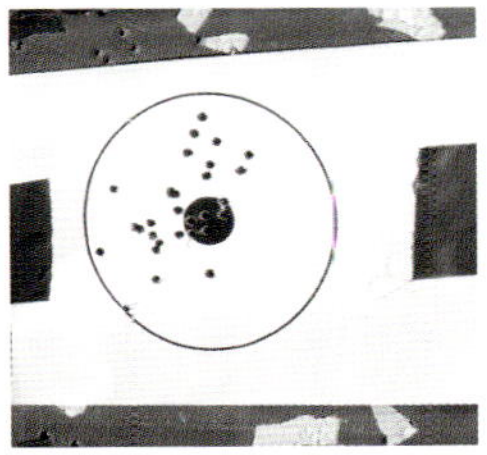
Foto: Urheber unbekannt

Foto: Simone Uetz

Foto: Simone Uetz

Foto: Urheber unbekannt

Foto: Uwe D.

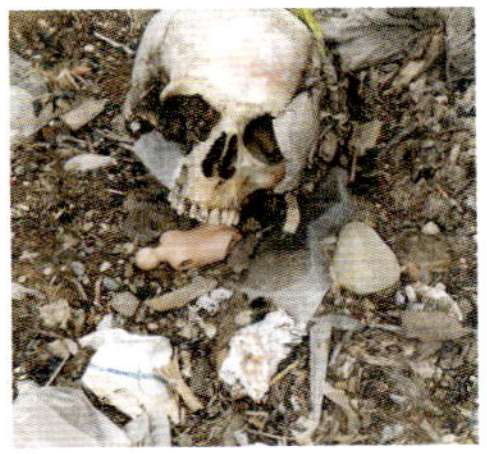
Foto: Urheber unbekannt

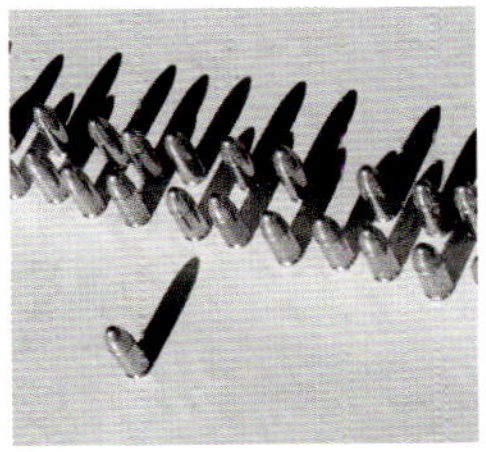
Foto: Simone Uetz

Foto: Simone Uetz

Foto: Uwe D.

Foto: HBF Hartl

Foto: Urheber unbekannt

Foto: Uwe D.

Foto: Urheber unbekannt

Foto: Urheber unbekannt

Foto: Urheber unbekannt

Foto: Urheber unbekannt

Foto: Claus Liesegang

Foto: Urheber unbekannt

Foto: Urheber unbekannt

Foto: Urheber unbekannt

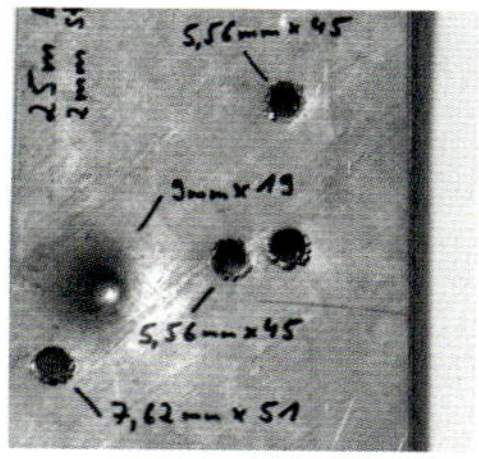

Foto: Simone Uetz

Foto: Urheber unbekannt

Foto: Uwe D.

Foto: Cpl Mark Ballantyne RLC

Foto: Urheber unbekannt

Foto: Urheber unbekannt

Foto: Urheber unbekannt

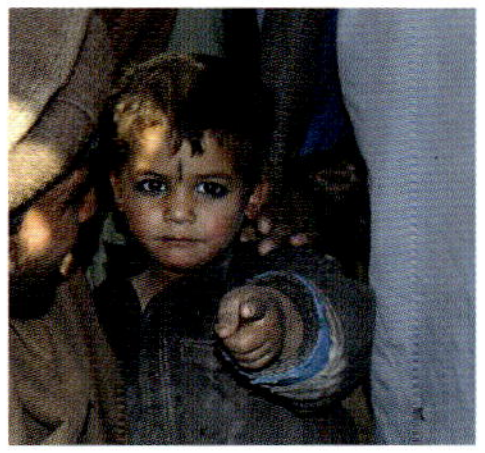
Foto: Urheber unbekannt

Foto: Urheber unbekannt

Foto: Uwe D.

Foto: Claus Liesegang

Foto: Simone Uetz

Foto: Simone Uetz

Foto: Simone Uetz

Foto: Urheber unbekannt

Foto: Urheber unbekannt

Foto: Simone Uetz

Foto: Urheber unbekannt

Foto: Cpl Mark Ballantyne RLC

Foto: Urheber unbekannt

Foto: Urheber unbekannt

Foto: Simone Uetz

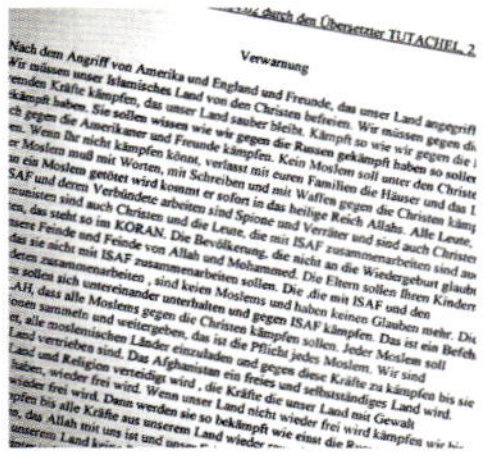
Foto: Urheber unbekannt

Foto: Simone Uetz

Foto: Urheber unbekannt

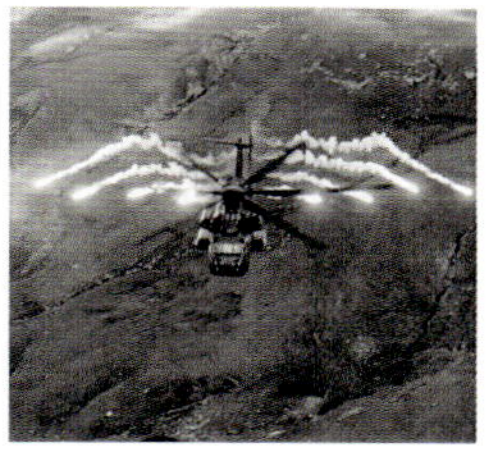
Foto: Urheber unbekannt

Foto: Urheber unbekannt

Foto: Claus Liesegang

Foto: Urheber unbekannt

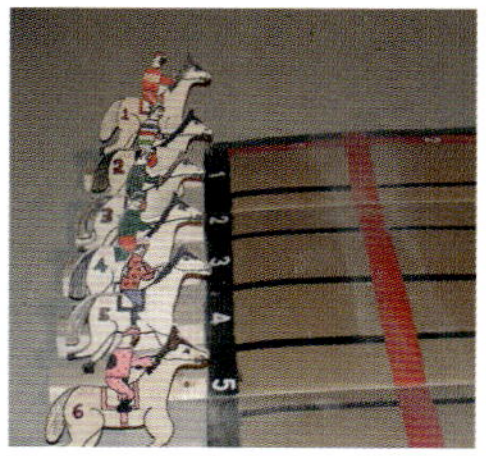
Foto: Urheber unbekannt

Foto: Urheber unbekannt

Foto: Urheber unbekannt

Bildquellen

Foto: Cpl Mark Ballantyne RLC

Foto: Uwe D.

Foto: Urheber unbekannt

Foto: Urheber unbekannt

Foto: Urheber unbekannt

Foto: Urheber unbekannt

Foto: Simone Uetz

Foto: Urheber unbekannt

Foto: Simone Uetz

Foto: Urheber unbekannt

Foto: Simone Uetz

Foto: Simone Uetz

Foto: Urheber unbekannt

Foto: Urheber unbekannt

Foto: Urheber unbekannt